D1734114

COLECÇÃO «POESIA»

fundada por

LUÍS DE MONTALVOR

DIE POESIE IST DAS ECHT
ABSOLUT REELLE. DIES IST DER KERN
MEINER PHILOSOPHIE.
JE POETISCHER, JE WAHRER.

A POESIA É O AUTÊNTICO REAL
ABSOLUTO. ISTO É O CERNE DA
MINHA FILOSOFIA.
QUANTO MAIS POÉTICO, MAIS VERDADEIRO.

NOVALIS

POEMAS
INGLESES

OBRAS COMPLETAS DE FERNANDO PESSOA

in Colecção «Poesia»:

I — POESIAS de *Fernando Pessoa*
II — POESIAS de *Álvaro de Campos*
III — POEMAS de *Alberto Caeiro*
IV — ODES de *Ricardo Reis*
V — MENSAGEM de *Fernando Pessoa*
VI — POEMAS DRAMÁTICOS de *Fernando Pessoa*
VII — POESIAS INÉDITAS (1930 - 1935) de *Fernando Pessoa*
VIII — POESIAS INÉDITAS (1919 - 1930) de *Fernando Pessoa*
IX — QUADRAS AO GOSTO POPULAR de *Fernando Pessoa*
X — NOVAS POESIAS INÉDITAS de *Fernando Pessoa*
XI — POEMAS INGLESES de *Fernando Pessoa*

Prosa:

PÁGINAS ÍNTIMAS E DE AUTO-INTERPRETAÇÃO — Textos estabelecidos e prefaciados por *Georg Rudolf Lind* e *Jacinto do Prado Coelho*

PÁGINAS DE ESTÉTICA E DE TEORIA E CRÍTICA LITE-RÁRIAS — Textos estabelecidos e prefaciados por *Georg Rudolf Lind* e *Jacinto do Prado Coelho*

TEXTOS FILOSÓFICOS — Estabelecidos e prefaciados por *António de Pina Coelho* (2 volumes)

SOBRE PORTUGAL — INTRODUÇÃO AO PROBLEMA NA-CIONAL — Recolha de textos por *Maria Isabel Rocheta* e *Maria Paula Morão* — Introdução e organização de *Joel Serrão*

DA REPÚBLICA (1910 - 1935) — Recolha de textos por *Maria Isabel Rocheta* e *Maria Paula Morão* — Introdução e organização de *Joel Serrão*

ULTIMATUM E PÁGINAS DE SOCIOLOGIA POLÍTICA — Re-colha de textos por *Maria Isabel Rocheta* e *Maria Paula Morão* — Introdução e organização de *Joel Serrão*.

CARTAS DE AMOR — Organização e estabelecimento de texto por *David Mourão-Ferreira* e *Maria da Graça Queiroz*.

TEXTOS DE CRÍTICA E DE INTERVENÇÃO

Antologia de Poesia e Prosa:

O ROSTO E AS MÁSCARAS — Selecção, prefácio e notas de *David Mourão-Ferreira*

OBRAS COMPLETAS DE FERNANDO PESSOA

POEMAS INGLESES

publicados por
FERNANDO PESSOA

ANTINOUS, INSCRIPTIONS, EPITHALAMIUM,
35 SONNETS e DISPERSOS

Edição bilingue, com prefácio, traduções, variantes e notas de
JORGE DE SENA

e traduções também de
ADOLFO CASAIS MONTEIRO e JOSÉ BLANC DE PORTUGAL

4.ª edição

EDIÇÕES ÁTICA
LISBOA

O desenho da capa é da autoria de
ALMADA NEGREIROS

Impressão e acabamento para Edições ÁTICA nas oficinas de A. Coelho Dias, S. A., Lisboa
Novembro de 1994

Depósito Legal N.º 80 100/94
ISBN N.º 972-617-018-4

FERNANDO PESSOA

Nasceu em Lisboa, em 13 de Junho de 1888
† em Lisboa, em 30 de Novembro de 1935

O HETERÓNIMO FERNANDO PESSOA
E OS POEMAS INGLESES QUE PUBLICOU

por Jorge de Sena

Introdução geral

Este volume das Obras Completas de Fernando Pessoa é exclusivamente dedicado à poesia em inglês que ele publicou em sua vida. A massa de outros poemas ingleses que ele escreveu, e que um ou outro tem sido recentemente revelado dos seus manuscritos, constitui, e deve constituir, um grupo à parte, objecto de outra compilação. Desde que a presente edição foi projectada, considerou-se a conveniência de que fosse bilingue, não só porque uma língua estrangeira não é necessariamente dominada pelo público leitor em português e porque por certo o inglês se não conta ainda entre as línguas mais conhecidas desse público, mas também porque, nestes poemas, o inglês de Pessoa é muito complexo e ambicioso, além de por vezes excessivamente literário e até arcaizante. Adiante faremos algumas observações sobre os critérios seguidos na tradução dos diversos poemas, e cuja flutuação encontra justificação na diversa tonalidade deles. Diga-se desde já que estes poemas não são, à parte excelentes passos, da melhor poesia de Fernando Pessoa — mas são indubitavelmente da maior importância, pelo que revelam do que ele menos revelou de si mesmo na sua poesia em português, e pelo que por outro lado mostram de uma fixação de temas e expressões suas, como de muitos jeitos sintácticos e estilísticos da sua língua poética que, em português, se criou da *tradução* mental, por ele mesmo, de construções correntes, ou menos correntes, que a lín-

13

gua inglesa possui e permite. Não é nunca demasiado acentuar o paradoxo máximo de Fernando Pessoa enquanto poeta português, e para a compreensão do qual estes poemas ingleses são decisiva prova. Pessoa é, na verdade, e foi sempre, um «naturalizado» numa língua e numa cultura que não recebera na infância e na adolescência, e em que se integrou por actos da inteligência e também, possivelmente, por não terem tido os seus poemas ingleses a recepção britânica que ele ingenuamente esperava. Essa integração, porém, quer nas opiniões críticas, quer em intervenções polémicas, quer no próprio viver social ou literário, foi sempre marcada por uma distância que ele ciosamente cultivou, é de crer que por duas razões principais. Com efeito, por um lado, tal distância permitia-lhe não ser parte «daquilo» e dominar do alto e de fora a própria cena em que se resignara a representar um papel (que multiplicou em vários heterónimos que, sendo a diversificação desse papel, eram ao mesmo tempo o sublinhar do carácter *fictício* desse papel e, por extensão, de toda a criação estético--literária) e onde se sabia ser um grande poeta, à falta de sê-lo no mais largo mundo que se lhe não abrira; e, por outro lado, consolava-o dos limites de ser apenas português, pela ilusão de que ele mesmo decidira «ficar» lá onde as raízes familiares e tradicionais afinal o prendiam (e por isso Álvaro de Campos ou Ricardo Reis viveram no estrangeiro, como não o «ele-mesmo», Alberto Caeiro, ou o Bernardo Soares, que são projecções e hipóteses diversas do Pessoa que «ficou»).

Fernando Pessoa partiu para a África do Sul com sete anos e meio, e voltou a Lisboa onde nascera, e para não mais sair dela, nove anos e meio depois, aos dezassete anos, tendo, aos treze, passado um ano em Lisboa e nos Açores. Quer dizer que a sua vida «britânica» durou realmente dois períodos apenas: um de cinco anos e meio de infância e primeira adolescência, e outro de três anos adolescentes, separados por um ano português. E, na britanidade da Colónia do Cabo (que não era ainda a União Sul--Africana de hoje), tinha consigo a sua família, e esta não estava emigrada, mas dependente da eventualidade de um cargo diplo-

mático do chefe dela. No entanto, Fernando Pessoa «britanizou-
-se» (e, como ele, e mais do que ele, os seus irmãos homens vie-
ram a ser realmente ingleses, na Inglaterra em que estudaram e
se fixaram). O que deve dizer-se deste processo é que a atmosfera
britânica da África do Sul (culturalmente voltada para o vitoria-
nismo imperial da pátria distante) coincidiu decisivamente com
a idade crucial em que aquelas crianças foram a ela expostas — e
que, por mais velho, Pessoa escapou, mais do que os irmãos, e
numa indecisão ambígua, à absorção que atraiu os outros. Se
insistimos neste ponto, é para colocar nas devidas proporções a
«britanização» do poeta, que foi apenas um aspecto do que mais
amplamente sucedeu na família. Note-se que esta, tendo raízes
açorianas, não tinha um mundo de língua inglesa como tão estra-
nho qual o seria no continente, apesar das ligações luso-britânicas
— os laços daquelas ilhas com a América (uma América então
culturalmente muito mais voltada para a Inglaterra) eram mar-
cados por um intenso intercâmbio de pessoas pela emigração,
ainda mais do que hoje. Educado num mundo colonial inglês,
muito apropriado a corresponder ao estilo de vida de uma alta
burguesia (e a viragem do século, quer por vitorianismo, quer
por esteticismo antivitoriano, teve ocidentalmente a Inglaterra
como modelo social, por excelência, da «Belle-Époque», com a
mais um Paris em que os *gentlemen* iam elegantemente refoci-
lar-se), Fernando Pessoa, quando em 1906 volta a Portugal, e se
decide que em Portugal ficaria a estudar, dificilmente não se sen-
tiria superior àquele mundo que era, para ele, tanto mais uma
caricatura provinciana, quanto ele tinha do largo mundo socio-
político do seu tempo, que nunca vira, uma imagem literaria-
mente mitológica. Isto explica em grande parte as atitudes algo
arrogantes e anti-republicanas ou antipopulistas que ele manifes-
tará em relação à República, tanto mais que a classe social a que
ele pertencia afectava, por requinte de aristocratismo burguês,
certo desprezo pela vulgaridade pequeno-burguesa do regime
de 1910 (que, no entanto, não correspondia ao *status* social da
maior parte dos vultos republicanos, quase todos membros da

15

pequena aristocracia tradicional ou da burguesia patrícia); mas explica principalmente que ele se tenha mantido, defensivamente e com certa petulância sensível nos seus escritos em prosa (em que insistiu sempre em referir autores que eram e ainda são «chinês» para a maioria mesmo dos literatos cultos de Portugal), «britânico» pela cultura e pela língua mental que adquirira. No entanto, e é um muito curioso pormenor, ele sentia muito bem a que ponto essa sua língua não era «corrente» mas literária — na verdade, dominando-a perfeitamente, e fazendo dela modo comercial de vida, não deixava de escrever repetidos rascunhos de cartas para os seus irmãos ingleses, que figuravam entre os seus mais pessoais papéis. E mesmo mais do que isso, já que livrinhos seus de notas quotidianas são muitas vezes anotados em inglês, e, ao morrer, ainda foi em inglês, quando já sem fala, que escreveu uma última frase: *I know not what tomorrow will bring.* Quer esta frase seja uma citação ou uma reminiscência que não conseguimos localizar, quer seja um verso, quer um último pensar em inglês, pouco importa para o caso: nela, a ausência do auxiliar *to do* para a negativa patenteia a natureza literária dela. Segundo ele mesmo declarou (cf. apêndice de *Cartas de Fernando Pessoa a Armando Córtes-Rodrigues,* introd. de Joel Serrão, Lisboa, s/d), e após uma quadra infantil dos cinco anos portugueses, a primeira poesia que escreveu (1901) era em inglês, se bem que no mesmo ano e no seguinte tenha escrito também algumas em português. O adolescente sentia-se atraído para a poesia, como é comum em grupos sociais em que a cultura não é repelida (como se sabe que era o caso da sua família), e diversamente do jovem que escreve à revelia de um grupo social que despreza ou diminui as actividades literárias. Mas, num ambiente cultural britânico, tenderia a escrever primeiro na língua em que a sua educação se fazia, e só depois na língua que era a sua domesticamente, já que os modelos e exemplos lhe vinham da literatura inglesa. Na lista de influências e leituras que ele estabeleceu com grande minúcia cronológica (e não há que duvidar dela, uma vez que Pessoa era, como as malas dos seus papéis, um arquivo de notas

16

escritas, e de um modo geral esses papéis têm confirmado tudo
o que ele uma ou outra vez afirmou), leituras portuguesas só
figuram a partir dos fins de 1905, quando ele diz ter lido Antero,
Junqueiro, Cesário, José Duro, Garrett, Correia de Oliveira,
António Nobre (até fins de 1909), e ter descoberto em 1909-11
Camilo Pessanha. O início destas leituras, que eram a moderni-
dade poética ao tempo [1], é evidente que coincide com o regresso
de Fernando Pessoa a Portugal em fins de 1905, quando os seus
interesses literários se alimentam directamente das publicações
portuguesas, das preferências do tempo, e do que lhe comunicaria
o convívio com jovens da sua idade em Lisboa. A ideia de fre-
quentar o Curso Superior de Letras, na algo ingenuamente bri-
tânica ilusão de que a letrada universidade corresponderia às suas
apetências estético-literárias, foi sol de pouca dura, em 1906-07.
E não tarda que Pessoa opte por dividir as suas horas vagas entre
ser «escritor» e o capitalizar dos seus conhecimentos de inglês
numa época em que o comércio com a Inglaterra era proporcio-
nalmente mais intenso do que hoje e não haveria muita gente
capaz de fazer adequadamente a necessária correspondência. Era
um modo de não comprometer a sua íntima e absorvente vivência
literária com obrigações de vida regular e pautada por um horá-
rio, e de ao mesmo tempo conservar num abstracto que se temia
concreto o contacto com a Inglaterra mítica (e distante em milhas
náuticas) da sua adolescência. Aliás, esse contacto não o descurava

---

[1] Antero suicidara-se em 1891, tendo no ano anterior sido publicada a
reedição dos *Sonetos Completos*, e a sua figura continuava a dominar a poesia
portuguesa. Junqueiro continuava a ser um dos poetas mais populares e
uma das grandes figuras passadas que estava viva. O *Livro* de Cesário Verde
ressuscitara em 1901, reeditado da pequena edição póstuma de 1887. O *Fel*
de José Duro, primeiro publicado em 1898, ainda era e foi longamente um
dos livros mais estimados de um malogrado poeta. Garrett havia sido reposto
em glória pela campanha neogarrettista de Alberto de Oliveira (*Palavras
Loucas*, 1894). Correia de Oliveira vinha sendo desde a viragem do século
um dos nomes mais em evidência de um simbolismo nacionalista. Esta cor-
rente, como o neogarrettismo, e a modernidade, projectavam igualmente
Nobre.

ele em possibilidades de estabelecer ligações com editores ingleses que viessem a abrir caminho ao poeta inglês que ele se queria ser, ele que vira os poetas britânicos admirados nos confins da África e soubera, do mesmo passo, como eram ignorados e sem repercussão os poetas portugueses.

Fundada a *Águia* em 1910, como órgão de um complexo movimento em que confluíam, na pessoa de Teixeira de Pascoaes e seus companheiros e discípulos, quase todas as tendências literárias que haviam sido e eram, portuguesmente, a atmosfera estético-cultural que Pessoa respirara como um ar de regresso meia dúzia de anos antes, e em que, para um jovem que soubera de movimentos como o *Celtic Revival* irlandês ainda em pleno desenvolvimento, não podia deixar de haver pontos de semelhança, inevitável seria que Fernando Pessoa aclamasse o saudosismo como uma ressurreição, tanto mais que um tal movimento lhe dava ou auxiliava a integração «nacional» que ele desejaria tanto mais quanto a sabia interessar, e contraditoriamente, só uma parte — a não-britânica — dele mesmo. Foram os artigos de 1912, que tanta celeuma provocaram, e mesmo assustaram, pelo exagero do neófito, os aclamados. Havia nisto muito de equívoco e de complicada ironia. Homem urbano e de tradições urbanas, nada havia de comum entre ele e as raízes de tradicionalismo rural do saudosismo, como não havia entre a cultura que era a sua e aquela hipóstase transfigurada de um regionalismo esteticista. Mas, para quem se criara na leitura dos românticos ingleses, e adquirira consequentemente um respeito poético pela Natureza, aquele movimento podia parecer que trazia, poeticamente, uma vivência fundamente romântica do mundo, que a poesia portuguesa na verdade não tivera no Romantismo ou depois. Romântica no sentido de visão profunda, de espiritualismo transcendendo o mero sentimento de amoroso vago, etc. Mas as mesmas tendências esteticistas do fim do século, que ele teria conhecido (Oscar Wilde, etc.) como um desafiador antivitorianismo e com que aprendeu o culto do paradoxo e dos refinamentos audaciosos da expressão, se estavam presentes em muito do que con-

18

fluía na *Águia* e escritores afins, não o estariam nunca ao nível do exagero de autonomia da invenção de estilo pelo estilo, que, por 1913, atrai cada vez mais Pessoa e os seus amigos. E a cisão seria inevitável, quando à primeira fantasia hiper-simbolista deles — no caso, *O Marinheiro*, de Fernando Pessoa — fosse protelada ou recusada publicação (cf. F. P., *Páginas de Doutrina Estética*, sel., pref. e notas de Jorge de Sena, Lisboa, 1946, p. 312 e seg.), e deu-se em fins de 1914. Não é evidentemente por acaso que as datas conhecidas de *O Guardador de Rebanhos*, de Alberto Caeiro, que marcam a aparição deste heterónimo, sejam de 1914; e menos o são as datas fictícias (1911-12) apostas à sequência, já que Pessoa declarou, e não muito mais tarde, a Côrtes-Rodrigues que o saudosismo o interessara em 1912-13. Caeiro surge, na realidade e na ficção, como simultaneamente uma sátira contra o saudosismo e uma demonstração empírio-crítica de que o bucolismo simbólico não necessitava de pretensas espiritualidades para ser o que não era. Da mesma forma, no misto de deliquescência estilística, que era a do saudosismo, e de exigência formalista que era cada vez mais a de Pessoa e seus amigos (ainda que por caminhos de literatice que um Sá-Carneiro veio a transfigurar na sua original poesia, e que Pessoa superou na sua obra), não é de admirar a coincidência de, por 1913-14, ser que Ricardo Reis apareceu — até porque representava uma reacção epicurista e hedonista contra o cristianismo catolicizante que dominava, directa ou indirectamente, a poesia portuguesa (nunca será demasiado acentuar, nestes termos, o carácter anti-religioso destes dois heterónimos, não por transcendentalização filosófica qual Antero fizera, ou por anticlericalismo, como Junqueiro e outros, mas por diversas atitudes que voluntariamente se confinam, quer em Reis a uma tradição de classicismo, quer em Caeiro a uma reafirmação do senso comum enquanto tal). É também em 1914 que se «corporiza» Álvaro de Campos, aquele dos heterónimos que estudará e viverá na Inglaterra como os irmãos de Pessoa, e que representa, diversamente do Pessoa ele-mesmo, uma «tradução» da sintaxe britânica.

19

Em Abril de 1915, saiu o primeiro número de *Orpheu*, seguido do segundo em Julho. Nesta revista efémera, que marcou o início do Modernismo em Portugal, cruzavam-se nitidamente as duas tendências principais que fizeram esse movimento euro- -americano: uma exacerbação simbolístico-esteticista, que deve- mos chamar pós-simbolismo, e uma iconoclastia vanguardista. A que ponto personalidades como Pessoa e Sá-Carneiro se enlea- vam na confusão das duas tendências, eis o que está patente nas cartas existentes do segundo ao primeiro. E, se personalidades como Luís de Montalvor ou Alfredo Pedro Guisado eram pós- -simbolistas, e a poésia de um Côrtes-Rodrigues, mesmo no episó- dio heteronímico da Violante de Cisneiros, representa também essa tendência (e veio a afinar-se por uma poética de Correia de Oliveira em verso mais ou menos livre), não pode dizer-se que longamente o Almada dos Pierrots e Arlequins não fosse ainda esse esteticismo. O vanguardismo, na verdade, estava confiado à *Manucure* de Sá-Carneiro, que este mesmo não tomava inteira- mente a sério, e ao Álvaro de Campos das odes monumentais. Aliás, a comparação entre os dois números da revista, tendo-se presente que a direcção de Luís de Montalvor e do brasileiro Ronald de Carvalho desaparece (com tudo o que isso significava de prevalência pós-simbolista ou do que hispanicamente foi o chamado «modernismo» esteticista-simbolista em que Eugénio de Castro desempenhou em Latino-América um papel ainda por investigar) e é substituída por Pessoa-Sá-Carneiro no 2.º número, mostra que estas duas linhas se sobrepunham e que a vanguar- dista tende a dominar. Mas mesmo no *Portugal Futurista*, em 1917, em que sai o *Ultimatum* de Álvaro de Campos, o Pessoa ele-mesmo ainda não encontra melhor que publicar que as este- ticistas *Ficções do Interlúdio*, e só apresenta uma forma mais van- guardista em alguns dos poemas da sequência *Episódios — A Mú- mia* igualmente aí impressos. Por ocasião da publicação ·do 2.º *Orpheu*, F. P., sob a capa de Álvaro de Campos, fizera na imprensa referências desairosas a um acidente de que fora vítima Afonso Costa, que provocaram que Guisado e António Ferro se desligassem da revista. Era o aristocratismo burguês não-republicano de Pessoa (e de Sá-Carneiro), de que se separava a pequena-burguesia aristocratizada na República; e era também a vanguarda a cindir-se do simbolismo-esteticismo (e do que, em Ferro, viria a ser o sensacionalismo dos anos 20 magazinescos, cuja face profunda foi descrita por Almada em *Nome de Guerra*). Mas era-o de uma forma que não resultava clara, para os próprios autores envolvidos — e que só viria a configurar-se plenamente na persistência heterónima de Fernando Pessoa, e em textos de Almada-Negreiros, uma vez que Sá-Carneiro evoluiu, como poeta, mas não como poeta lúcido de si mesmo que tão grandemente era, desde dentro, isto é, pela transfiguração de uma linguagem esteticista em expressão do drama de ser-se *quase* (o que pode interpretar-se como a própria vivência de uma incapacidade trágica de abandonar as afectações simbolísticas que se tornaram «alma»). No Pessoa ele-mesmo, a transformação operar-se-á por uma depuração cada vez maior da linguagem e da imagística, e por uma redução semântica da expressão à invenção sintáctica.

O facto de que os heterónimos de Pessoa, desde a aparição deles mais ou menos por 1914, tenham sobrevivido longamente (mesmo Caeiro, o mais efémero, durou, e foi aliás promovido a mestre dos outros todos, inclusivé o próprio Pessoa), e vinte anos depois ainda estivessem «vivos» (um dos últimos poemas de Pessoa será de Álvaro de Campos, e se Reis tem um último de 1933 bem possível seria que voltasse a escrever, se o poeta não tivesse morrido em 1935), é por certo prova suficiente de que não eram e não são apenas «ficções» eventuais, mas «personalidades» definidas em que o poeta realizou diversas virtualidades suas, e variantes diversas de uma visão do mundo. *Lado a lado com os heterónimos, o Pessoa ele-mesmo não é menos heterónimo do que eles.* Isto é: o poeta que na vida civil se chamou Fernando António Nogueira Pessoa, não é de modo algum mais ele mesmo em seu próprio nome que quando se deu a escrever no estilo e nos esquemas formais peculiares das outras personalidades que assumiu. Cremos ser um erro absoluto quer o aceitarem-se os heterónimos como só admiráveis criações de um ilustre talento, quer o proclamar-se a fundamental unidade deles todos com aquele senhor F. A. N. P. — uma e outra atitude não são senão resultado de uma concepção vulgarmente romântica da criação poética, e de confundir-se a pessoa civil e física de uma criatura com as suas invenções estéticas. É óbvio que os heterónimos nunca existiram enquanto seres viventes e que foi Pessoa quem os criou para exprimir-se. Mas para exprimir-se enquanto o quê? Ao criá-los, Pessoa culminava uma tendência heteronímica que vinha a manifestar-se nas literaturas europeias desde o Romantismo (e que já surgira no desejo de mistificação realista da ficção do século XVIII, quando as obras eram apresentadas, pelo modelo picaresco do século XVII, como escritas pelos heróis e narradores), e que, desde a viragem do século XIX, se multiplica nas literaturas ocidentais que se dirigem do esteticismo para a Vanguarda. Poetas e romancistas poéticos (ou não) multiplicam as semi-heteronimias, atribuindo obras a personalidades cuja criação como tais resulta da própria obra que lhes é atribuída ou que o autor descreve: Valle-Inclán, Baroja, António Machado, Pérez de Ayala, Valéry Larbaud, André Gide, Paul Valéry, Rilke, Ezra Pound, T. S. Eliot, etc., todos em maior ou menor grau recorrem a este tipo diverso de personagens que não são pseudónimos. Nenhum, porém, foi ao ponto de criá-las numa independência completa, com vidas, estilo e pensamentos próprios, e em fazê-las viver a seu lado, não só no espaço literário mas no tempo da vida. Isto era ao mesmo tempo a derrocada da personalidade una da psicologia clássica, que dividia em personalidades as suas virtualidades contraditórias; e a emergência de um consciencializar-se a psicologia profunda que o freudismo estudava, revelando camadas sucessivas da realidade interior (da qual a menos relevante era a de «fora», com que se representasse o papel de ser o Sr. Fernando A. N. Pessoa); e ainda a rejeição do mito romântico da «individualidade», pelo qual se pressupunha que a criação literária, e sobretudo a poética, era necessariamente uma «expressão pessoal». Entenda-se que nenhum desses autores, e Pessoa em

22

particular, pretendia que o que escrevia não era «pessoal» ou não passava de um jogo artístico. Muito pelo contrário: tal artifício era precisamente a garantia estética de superar-se a contradição confessional entre *ser-se e escrever-se* — que só pode superar-se a si mesma na «confissão» apologética (como foi o caso de Santo Agostinho e de Rousseau). E o próprio Romantismo com todas as suas confissões superficiais e exibicionistas *ad nauseam*, como o Simbolismo e o esteticismo ao transferirem para o símbolo ou o artificialismo a chamada expressão, haviam provado que o poeta não tinha que justificar-se nem que confessar-se, mas que realizar através da criação estética as suas *virtualidades humanas* — e é essa a essência da narrativa «pessoal» de um protagonista em *A La Recherche du Temps Perdu*, de Marcel Proust, quando toda a obra se estrutura sobre o simples facto de terminar no momento em que o autor descobre que vai escrevê-la e como. Numa tal redução ao estético, do mesmo passo que o estético surge como a realização imanente da vida, perde qualquer sentido o falar-se da *sinceridade* do autor, e o congeminar-se, como no caso de Fernando Pessoa, de quando será que ele é mais ele mesmo, se quando escreve em seu nome, se em nome de outrem. A mínima atenção aos escritos em verso e prosa que em diverso nome ele nos deixou mostra que, quase sempre, ele foi mais longe e foi mais «sincero» em nome de outrem que no seu próprio. Dir-se-á que, por natureza discreto e tímido, se sentia mais à vontade na heteronimia. Mas a poesia ortónima não é a poesia de uma personalidade, e sim a de uma personalidade que analisa a sua inexistência, *precisamente porque as outras lhe existem*. Do mesmo modo, as numerosas prosas ortónimas ou de assinatura civil (com o que distinguimos o ensaio meramente literário, e o que escreveu como cidadão interveniente, ou ainda as notas com que se comentava para si mesmo) tendem, muitas vezes, para um carácter lúdico, irónico, um prazer de escrever paradoxos que enganam até, em certos casos, os elogiados, ou um gosto de levar a lógica às últimas consequências num país cuja lógica nunca foi forte e cuja lucidez só raras vezes foi invejável

23

(e só em alguns escritores). E isso sucede não apenas porque se trata de escritos de um homem que confinou a sua existência à criação estética, e para quem tudo é «criação» (mesmo um panfleto político), mas sobretudo porque essa colecção de heterónimos caprichosamente orquestrada como um *drama em gente* (a expressão é dele) significa que, na existência tranquila e visível, ainda que recatada, do cidadão Pessoa, se escondia a demonstração terrífica da gratuitidade virtual de todo o humano, e de como, paradoxalmente, a liberdade só se conquista não pela afirmação da personalidade mas pela anulação dela na personificação estética.

Que relação tem tudo isto com a poesia em inglês de Fernando Pessoa, que aqui primacialmente nos ocupa? Antes de mais, um tão completo processo de despersonalização lírica [1] não poderia efectivar-se tão perfeitamente senão num homem cuja dualidade linguística lhe desse a linguagem como um sistema de signos e relações destituído de outro valor que o de serem *equivalentes* de um sistema para outro, como da conceptualização à verbalização (e os numerosos exercícios de tradução literária de umas línguas para outras, que existem nos papéis de Pessoa, são prova complementar deste tipo de consciência linguística que ele desenvolveu pelas circunstâncias da sua vida e pelo gosto da «personificação» inventada que ele insistia ser característica sua

---

[1] A expressão «drama em gente» e a assimilação que Pessoa dela fez com as criações teatrais de Shakespeare (a respeito de quem sempre a crítica notou a que extremo representam uma despersonalização) podem facilmente induzir em erro. Na realidade, a despersonalização de Pessoa só aparentemente é assimilável — e o grau em que o não é se patenteia na incapacidade teatral das suas tentativas dramáticas. O conduzir vidas paralelas de personalidades assumidas não é o mesmo que criar caracteres fechados dentro de diversos esquemas dramáticos — Hamlet não existe fora da acção teatral que o confina. A despersonalização de Pessoa é *lírica*, isto é, realiza-se através de poemas que transcrevem a meditação existencial de determinadas personalidades virtuais e que se não definem por uma acção teatral. As «biografias» dos heterónimos não excedem a notícia de dicionário, ou as «memórias» uns dos outros, e não equivalem a qualquer acção dramática.

desde a infância e de personalidades da sua família). Pela boca de um dos seus heterónimos, ele disse uma vez que a sua pátria era a língua portuguesa. É isto uma declaração de nacionalismo linguístico? Por certo que não, já que ele não deixou nunca de escrever e de pensar noutra língua. O que Bernardo Soares — e não directamente o Pessoa unidade civil — quer dizer é que se sente *sem pátria*, e que não tem outra senão a língua em que escreve. Pela mesma ordem de ideias, o Pessoa ele-mesmo tinha duas pátrias linguísticas, ambas seus amores infelizes: o inglês que não viera a reconhecê-lo como cidadão estético, e o português em que se «naturalizara». Mas como então conciliar isto com o nacionalismo esotérico do autor de *Mensagem*, com o seu sebastianismo político, com o seu ardor por caudilhos simbólicos como Sidónio Pais? Nenhuma destas coisas se pode dizer muito britânica. Mas o Fernando Pessoa ele-mesmo, ao contrário dos outros, e com o semi-heterónimo (como ele dizia) Bernardo Soares, é *o que fica*, o que se faz «português», o que cresceu no nacionalismo literário da viragem do século (e seja aquele monárquico ou republicano). Os outros, ou por morte, ou por exílio ou viagens, são os que não estão *ali* mas em si mesmos, ao contrário do Pessoa ele-mesmo que é ele-mesmo por ficar lá. Assim, o nacionalismo de *Mensagem*, se é uma integração do «naturalizado» (e com toda a paixão do convertido), é também a criação mitológica de uma pátria ideal de história e de linguagem, oposta ao país *real* em que o autor vive (e por isso qualquer nacionalismo tornado sistema de governo viria a parecer-lhe ridículo). D. Sebastião, e a sua eventual encarnação em Sidónio Pais, é ao mesmo tempo a absorção de um mito «lusitano» desde 1578, e que a Geração de 70 tornara símbolo da decadência ulterior do país, e a reversão dele no sentido ilusoriamente positivo da expectativa de um Salvador. Não é necessário especular com as ligações judaicas e cristãs-novas do sebastianismo messiânico, nem com a ascendência hebraica do próprio Fernando Pessoa, para entender-se que um aristocrata burguês, nos anos 10 e 20 deste século, quando se vem forjando todo um descrédito das repúblicas e das democracias burguesas, apelasse mais para um sonho que tinha o atractivo de ser tradicional e literário (e fornecer-lhe uma integração nacional), do que para o aperfeiçoamento de uma república democrática que, nas dificuldades políticas, quotidianamente parecia provar a sua inviabilidade. Mas o problema situa--se ainda a níveis mais profundos. O Menino Jesus de Alberto Caeiro, o D. Sebastião da *Mensagem*, as alusões de Álvaro de Campos, o esoterismo de quase tudo e não só do próprio Fernando Pessoa, tudo isto decorre de uma realidade psicossexual arquetípica: a da bissexualidade divina, a da bissexualidade do Adão primigénio, a da disponibilidade erótica da criança e do adolescente, a da permanência de estádios intersexuais no homem e na mulher adultos. O poeta alemão moderno Stefan George personificou as suas obsessões sexuais e o seu mito de salvação da Alemanha (que o nazismo «salvaria» de maneira muito outra) no adolescente Maximino, aliás personalidade real. É sabido quanto de fascínio erótico, mais ou menos sublimado, houve no prestígio e no culto de Sidónio Pais — o «presidente-rei», como Pessoa lhe chamou, acentuando o carácter de «ungido» que o distinguia como ao Desejado. Desde o Menino Jesus (anticristão) até ao «presidente-rei», há toda uma gama de transmutações da Criança Divina, do jovem deus que seja o Amor, do soberano mítico e simbólico que, sendo o Messias, seja também uma imagem do Eros supremo, não como espiritualização mas como sexo. E por isso mesmo foi que, por outro lado, Pessoa defendeu como liberdade «estética» e «pagã» a homossexualidade de António Botto em diversos artigos: essa liberdade era a outra face de um pansexualismo imediato, contraditória realização da bissexualidade originária e profunda. Sob este aspecto, e tendo-se em conta que o melhor período de António Botto é o que coincide com o interesse de Pessoa pela sua poesia, até à morte deste em 1935, quase se seria tentado a considerar que, de certo modo, Botto foi também um heterónimo de Fernando Pessoa — e que este se «realizou» também na poesia daquele, e na vida a que ela correspondia. Mas este processo, se realmente é lícito supô-lo, tinha precedentes pan-eróticos *na poesia inglesa que Pessoa publicou*. Dos poemas em causa trataremos especificamente adiante. Aqui, importa-nos acentuar o significado deles neste contexto de heterónimos e de psicologia profunda.

Conforme às datas dadas nas publicações, Pessoa escrevera *Epithalamium* em 1913, quando tinha vinte e cinco anos, e a primeira versão de *Antinous* em 1915, dois anos depois. Era, num e noutro caso, um jovem já bem fora da adolescência, e as explosões eróticas que esses dois poemas longos representam não podem explicar-se por ardores juvenis, mas como irresistíveis concreções poéticas escritas por um homem que precisamente então estava no «annus mirabilis» da sua realização heteronímica. Muito mais tarde, em 1930, explicava ele que se integravam ambos, com outros três, num projectado livro «que percorre o círculo do fenómeno amoroso» (cf. *Cartas a J. Gaspar Simões*, Lisboa, 1957, p. 67); e, na mesma carta, havia antes dito: «Há em cada um de nós, por pouco que especialize instintivamente na obscenidade, um certo elemento desta ordem, cuja quantidade, evidentemente, varia de homem para homem. Como esses elementos, por pequeno que seja o grau em que existem, são um certo estorvo para alguns processos mentais superiores, decidi, por duas vezes, eliminá-los pelo processo simples de os exprimir intensamente. É nisto que se baseia o que será para V. a violência inteiramente inesperada de obscenidade que naqueles dois poemas — e sobretudo no *Epithalamium*, que é directo e bestial — se revela. Não sei porque escrevi qualquer dos poemas em inglês» *(loc. cit.)*. Esta carta que citamos acompanhava a oferta dos folhetos ao destinatário. Em 1916, quando se preparava *Orpheu 3* que não chegou a sair, dissera ele a Côrtes-Rodrigues: «É aí que, no fim do número, publico dois poemas ingleses meus, muito indecentes, e, portanto, impublicáveis em Inglaterra» (ed. cit., p. 79) — e é evidente que se trata dos dois poemas longos em causa. Essa publicação fracassou; mas é interessante sublinhar que, em 1918, desses poemas que de facto seria difícil pensar-se que fossem impressos e publicados na Inglaterra, podendo sê-lo em Portugal aonde praticamente ninguém sabia então inglês para avaliar da indecência, foi *Antinous* o que ele tratou de imprimir. Pode dizer-se que uma razão de qualidade o levou a esta escolha, já que por certo a factura do poema sobre o favorito do imperador Adriano é superior à de *Epithalamium*, em que as estruturas linguísticas são excessivamente artificializadas para conformarem-se a esquemas de ode esteticista. Mas qualquer que fosse a indecência «relativa» dos dois poemas, sem dúvida que, se a crítica britânica atentasse neles uma vez publicados, se chocaria muito mais com as evocações homossexuais de *Antinous* que com toda a brutalidade que houvesse no heterossexual *Epithalamium*. Não seria de Fernando Pessoa, com tudo o que sabemos dele, o provocar para sucesso literário um pessoal escândalo, embora ele nunca haja recuado de os provocar por conta alheia. Se, dos poemas cuja publicação fracassara em 1916, ele escolheu *Antinous* logo dois anos depois, foi porque, no desejo de publicá-los, o de publicar *este* poema era mais forte. Isto nos permite analisar a obra-prima de prosa fernandina que é o trecho de carta acima citado. Obra-prima, não porque seja um dos seus magníficos passos, mas pelo que tem de exemplar da sua arte de escrever, quando queria, ironicamente, dizer e não-dizer tudo, e, fazendo-o, iludir o seu leitor. Todos os homens, diz ele, possuem algum elemento de obscenidade (isto é, do sexual elevado ao gesto público, ou à expressão verbal), por pouco que nisso se especializem... (o que seria, é implícito, o caso dele mesmo, que ele assimilara ao do destinatário com aquele hábil e anódino «cada um de nós»). Obtida assim a neutralização do destinatário pela sua associação humana num «pouco» que é perfeitamente comum, embora a quantidade de obscenidade varie de homem para homem (o que deixa ambíguo quem o terá em maior grau, se o autor que tal escreve, se o leitor que com tal se choque), Pessoa explica que esses elementos são, de certo modo, «estorvo para alguns processos mentais superiores», pelo que decidira um dia eliminá-los «pelo processo simples de os exprimir intensamente». Desta maneira, o facto de

28

escrever e de publicarem-se textos obscenos encontra a sua justificação, não em si mesmo, mas no de limpar o espírito de tais inferiores coisas, para desimpedi-lo para mais altas meditações. Trata-se de uma inteligente racionalização de uma circunstância psicológica real — o escritor, como qualquer humano, pode libertar-se de uma obsessão por um excesso momentâneo dela. O implícito «inferior» está ali por obsessão que ele não quis ou a racionalização o dispensou de referir. Mas essa racionalização, vindo acompanhada do «processo simples» da intensificação, realmente acrescenta e sublinha que a obsessão não era muito grande, imprópria de um sujeito bem comportado, mas algo que uma intensificação literária podia resolver, assim se dissolvendo o estorvo que ela constituía... A quê? Que são os processos mentais superiores a que ele se refere? Evidentemente que aquele grau de expressão literária, e de abstracção intelectual, que ele considerava, e esotericamente era, a sublimação dos apetites mais profundos da psique humana, perturbadores de uma serenidade e de uma isenção de espírito, que são supostamente parte de outro processo: o da ascensão espiritual. A partir do momento em que lucidamente ele tomara consciência das complexidades sexuais (e não é errado supor que essa consciência, aos dezassete anos, lhe tenha vindo do choque que o menino «britânico» recebeu entre adolescentes portugueses, qual anteviu J. Gaspar Simões, *Vida e Obra de F. P.*, Lisboa, s/d., 1.ª ed., vol. II, p. 182, mas é errado supor, como ele supõe, que a educação inglesa distrai os jovens dos segredos do sexo, quando sempre foi notória a incidência da homossexualidade nas escolas britânicas, e quando o puritanismo se realizou nos Estados Unidos e não na Inglaterra que, e só na época vitoriana não abertamente, foi sempre licenciosa — Fernando Pessoa educara-se numa colónia britânica, um pequeno meio mais vitoriano que a Inglaterra, e tendo por outro lado só o meio familiar português de respeitável burguesia, o que lhe limitava as possibilidades de experiência, mas não o fazia mais necessariamente britânico em purezas e ignorâncias que qualquer menino português criado nas saias da mãe), não tanto

29

porque as sentisse em si mesmo, mas porque se descobrira uma capacidade de tudo imaginar, mesmo o mais reprimido e mais proibido, a um ponto de obsessão. Fernando Pessoa pretende objectivar o sexo, e libertar-se de uma sujeição a ele. É isto, por outro lado, uma dupla racionalização, porque é a de um homem capaz de imaginar todas as possibilidades, sem repulsa, e que só «objectiva» e elimina o sexo, precisamente por este tender nele a intelectualizar-se (não como se intelectualiza no don-juanismo mais apurado, mas como pode ser intelectualizado pelo processo ascético da negação dele). Ascético será um pouco exagerado, mas significa aqui um homem sexualmente normal nos seus desejos, mas naturalmente casto, a quem repugne a eventualidade de um encontro mercenário ou meramente aventuroso, não pelo acto sexual em si, mas por não o aceitar, na sua delicadeza de ânimo, sem um envolvimento de afecto e de paixão. Esta espécie é menos rara do que a malícia supõe, precisamente por que essa malícia faz, sobretudo em sociedades como a portuguesa sempre espreitadoras da cama alheia, que os tímidos e os castos se gabem do que não fazem. Voltando ao texto. Após a explicação da obscenidade dos dois poemas (e note-se que ele, na mesma carta, comparando-os com os tais outros três que diz inéditos, acentua que são ambos o que de propriamente obsceno escreveu), ele antecipa alguma surpresa que o destinatário sinta ao tomar conhecimento de o grande Fernando Pessoa haver escrito coisas tão impróprias, desviando uma possível surpresa, ante a violência, de *Antinous* para *Epithalamium,* e ao mesmo tempo insistindo em que este último é mesmo «bestial» (como se o não fosse mais, para uma mentalidade «normal», precisamente aquele). Deste modo, Pessoa queria que *Antinous,* com o seu explícito erotismo «anormal», não fosse visto como mais «bestial» que *Epithalamium* que todo ele se desenvolve numa calculada excitação masturbatória ante a ideia do desfloramento nupcial. E termina por dizer que não sabe qual a razão de ter escrito em inglês os poemas. Pouco tempo depois de os ter assim escrito, sabia, como vimos, que eles

30

não eram publicáveis em Inglaterra, e no entanto publicou-os, como projectara, em Portugal (com os olhos na Inglaterra e em si mesmo). E em si mesmo. Com efeito, na plena virtualidade absoluta que se lhe corporizava nos heterónimos, o que ele exorcismava *em inglês*, a sua língua profunda, a de primeira adquirida cultura, e aquela que ninguém ou muito poucos entenderiam em Portugal, havia sido a obsessão epitalâmica do desfloramento (típica de uma cultura como a portuguesa secularmente dominada pelo mito cristão da virgindade feminina) e a obsessão teológica da homossexualidade (ou de uma amizade entre homens, que vai do sexo à divinização). Era, ao mesmo tempo, exorcismar o «feminino» e o «masculino», para justificar a castidade e a disponibilidade heteronímica do ortónimo e dos heterónimos, dando a estes uma «universalidade» acima das circunstancialidades eróticas. Não há nisto que julgá-lo ou desculpá-lo, mas compreendê-lo e aceitá-lo — e tanto mais quanto o preço que ele pagou foi o de uma frieza amorosa que perpassa na sua obra poética inteira, mesmo quando os «autores» falam em termos de amor. A obra poética de Fernando Pessoa, excepto nestes dois poemas em inglês, é como a *noche oscura* do sexo, o deserto da privação absoluta, «normal» ou «anormal», da afectividade erótica, e mais do que nenhum outro é Álvaro de Campos quem representa este papel trágico que, paradoxalmente, era e é uma novidade na poesia portuguesa, em que tanta pretensa ou mesmo autêntica sublimação idealizada ou tanta declamação superficialmente apaixonada faz as vezes de erotismo e de amor. Ao mesmo tempo libertando-se e afirmando-se em virtualidade pela língua sua e ignorada, ele talhara-se para o desmascaramento de tudo isso: uma agonia, um tédio, um desalento da vida, que são o homem privado de satisfação sexual e mesmo de acreditar no sexo como plenitude — a não ser no plano abstracto em que ele, na carta citada, «fingia» que, se *Antinous* era a Grécia e *Epithalamium* Roma, *Prayer to a Woman's Body* era a Cristandade, *Pan--Eros* o «Império Moderno», e *Anteros* o Quinto Império (estes

31

três os poemas que refere e que não publicou) [1]. Mas limitava-se a explicar que *Antinous* era «grego quanto ao sentimento» e «romano quanto à colocação histórica» e que *Epithalamium,* «que é romano quanto ao sentimento, que é a bestialidade romana, é, quanto ao assunto, um simples casamento em qualquer país cristão» — e abstinha-se de dizer o que eram os outros. Mas o ciclo obviamente não era o que G. Simões deduziu (ob. e vol. cit., pp. 185-186). Na sequência como Pessoa a nomeia, *Antinous* não é o «amor proibido» por antítese ao «amor normal» de *Epithalamium,* mas o amor que os gregos só concebiam em tal grau de dialéctica sexo-divinização em termos homossexuais, oposto ao amor *sensual* dos romanos (que não foram mais «normais» que os gregos nessas matérias), sem transcendência além da carne (e

---

[1] Numa folha comercial sem data, escrita à máquina, do espólio do poeta, há destes cinco poemas um plano diverso, e que é nitidamente anterior ao comunicado a G. Simões:

Five Poems

1. Antinous
2. Divineness
3. Epithalamium
4. Prayer to a Fair Body
5. Spring 1917

Com efeito, este plano não corresponde, ao que parece, ainda, à ordenação lógica (da lógica do erotismo esotérico) que Pessoa menciona, nem os títulos dos outros três poemas significam *para* tal ordenação. Note-se como *a Fair Body,* com a ambiguidade de género, que a língua inglesa permite, se transformou em *a Woman's Body,* explícito o sexo desse corpo. E é curioso que um poema sobre a qualidade do divino se intercalasse entre *Antinous* e *Epithalamium.* Por outro lado, é também interessante que um dos poemas celebrasse (ou fosse planeado que celebrasse) a Primavera de 1917, e não a Primavera em geral — e que fosse para ele que a sequência confluísse. Crê-se que o seu encontro com a senhora que namorou alguns anos, D. Ofélia Soares Queirós, tia do poeta Carlos Queirós, se deu em 1919 (cf. G. S. ob. cit., vol. II, p. 164 e segs.). Ou teria sido em 1917? Pessoa, desfeito o noivado, manteve pelo sobrinho dela um paternal carinho e uma amizade que durou até ao fim da sua vida.

32

ENGLISH
POEMS

III

BY

FERNANDO PESSOA

LISBON

Capa de *English Poems - III*

O Poeta

por isso há tanto pormenor de licenciosidade em *Epithalamium*).
Um poema simbolizando o amor na cristandade, e chamado
Oração a um Corpo de Mulher, é precisamente a figuração da
transferência, operada pelo cristianismo, daquela dialéctica ho-
mossexualmente fixada pelos gregos, para uma dialéctica em que
a relação heterossexual recebe, na sensualidade «romana», a divi-
nização «grega». *Pan-Eros*, como o nome indica, e referido ao
«Império Moderno» (i. e., o mundo contemporâneo), é a dissolu-
ção e coexistência de todas essas fases, que precederá, no Quinto
Império, o triunfo de *Anteros*. Este não é, ao contrário do que,
por certo levado por uma etimologia aparente, G. S. supôs
(«o amor de cuja negação sistemática nasce a grandeza de um
mundo em que os seres se repelem mais do que se aproximam
— o mundo atómico talvez, ou, então, o mundo integrado, de
novo, no paraíso perdido»), o «antiamor», mas a divindade grega,
que era irmã de Eros, e seu complemento não-antagónico: ao
amor *em si* correspondia o amor *além de si* (como explica Cícero
em *De Natura Deorum*). Assim, da pansexualidade, se transita-
ria ao amor sublime de tudo e todos por tudo e todos. Muito
esotericamente, Pessoa dizia que estes três inéditos não tinham
«colocação precisa no tempo, mas só no sentimento», querendo
com isto significar que a libertação do cristianismo, Pan-Eros
e Anteros eram não necessariamente épocas históricas, colocadas
na historicidade, mas graus de penetração evolutiva e de reali-
zação espiritual da essência erótica do Universo. Com efeito,
Anteros será, nesse esquema, a reconquista do paraíso perdido
— mas não como alternativa semântica da desintegração atómica
que Pessoa, com todos os poderes de profecia que possuísse, não
terá adivinhado... E há, de resto, que ter em conta que, num
esoterismo como o de Pessoa, não houve realmente pecado ori-
ginal, mas fases diversas no caminho em que «*Nasce um Deus.
Outros morrem. A verdade | Nem veio nem se foi: o Erro mu-
dou*», e, do mesmo passo, Deus é sempre (ele, e não nós) o Adão
de outro Deus maior, como ele também disse.

Antinous, escrito em 1915, foi publicado em folheto próprio em 1918. *Epithalamium*, de 1913, foi-o em 1921, constituindo *English Poems — III*. Aquele poema, numa versão revista (diz o poeta: «An early and very imperfect draft of *Antinous* was published in 1918. The present one is meant to annul and supersede that, from which it is essentially different», numa apensa nota), e acrescentado de *Inscriptions*, datadas de 1920, foi, naquele mesmo ano de 1921, *English Poems — I-II*. Em 1918, publicara também Pessoa os *35 Sonnets* que teriam sido compostos poucos anos antes [1].

Tendo exorcismado a viril obsessão adolescente com o desfloramento, antes de exorcismar a mais profunda obsessão homossexual (como é lógico na mecânica da psicologia profunda), Pessoa publicou primeiro esta última e depois aquela, em parte porque, segundo aquela lógica (a que o seu «plano» dos cinco poemas corresponde neste ponto), *Antinous* passava primeiro. Mas, em folheto separado, fez que o poema fosse acompanhado pelos *35 Sonnets* que haviam sido, possivelmente, a compensação abstracta das duas explosões eróticas, e que apresentavam o poeta inglês como capaz de, opostamente, se dar a complicadas meditações abstractas, no jogo semântico e sintáctico-estrutural, não fosse pensar-se que ele era apenas, com maior ou menor quali-

---

[1] No já citado apêndice das cartas a Côrtes-Rodrigues, e que é de 1914, informava Pessoa: «Quando morava na Rua da Glória, achou nos sonetos de Shakespeare uma complexidade que quis reproduzir numa adaptação moderna sem perda de originalidade e imposição de individualidade aos sonetos. Passados tempos realizou-os». Parece poder depreender-se (Gaspar Simões, *Vida e Obra*, vol. I, p. 304) que a residência naquela rua foi por 1912, o que significará que os sonetos serão talvez contemporâneos de *Epithalamium*, ou, quando muito, da primeira versão de *Antinous*. O poeta não os datou ao publicá-los. Note-se como a informação, mais do que a dizer dos sonetos, visa — e é muito típico de informações de Pessoa, semelhantes — a acentuar como ele, após ter posto na ideia alguma coisa, acabava sempre por fazer aquilo que queria, não tanto por um carácter voluntário da criação, mas por todo um trabalho semiconsciente de fixação mental, a partir de uma inicial ideia. Eis outro aspecto daqueles «processos mentais superiores» de que ele falou.

dade, mais um outro esteticista cortejando os temas homosse-
xuais. Quando, em 1921, republicou um' poema e publicou outros
pela primeira vez (e não sabemos a que ponto teria projectado
uma reedição dos sonetos, pois que o título geral de *English
Poems,* seguido de um numeral, abria a porta a uma série em
que tudo em inglês cabia) [1], *Antinous* (o poema de «sentimento»
grego e «colocação» romana) vem acompanhado das catorze *Ins-
criptions.* Na biblioteca de Pessoa, existe a edição W. R. Paton
da *Greek Anthology,* em 5 volumes, Londres, 1916-1918. Já foi
notado que, no vol. II, de 1917, o dos «Epigramas Tumulares»,
há «várias chamadas e tentativas de tradução», e que dessa anto-
logia são os poemas que Pessoa traduziu e publicou na sua revista
Athena (n.º 2, Novembro de 1924). E vários volumes da biblioteca
inglesa do poeta são obra das ou sobre as literaturas clássicas
(cf. Maria da Encarnação Monteiro, *Incidências Inglesas na Poe-
sia de Fernando Pessoa,* Coimbra, 1956, Apêndices I e II). Assim,
Inscriptions, independentemente de serem fruto de leituras tais
do poeta, que seriam parte dos estudos que fez, representam uma
imitação (no alto sentido da palavra) que, no espírito que ele
descreveu para a realização dos seus sonetos ingleses, decorre do
desafio que o seu interesse pela *Antologia Grega* lhe propôs. E é
bem plausível que tenham sido concebidos aqueles epigramas
entre 1919 e 1920, quando Pessoa terá obtido a edição Paton.
Deste modo, a um poema «grego», agora revisto, juntava ele

---

[1] Há, no espólio de Pessoa, dois exemplares dos *35 Sonnets,* com
correcções manuscritas, e um deles foi apenas rascunho do outro em que as
emendas seleccionadas foram cuidadosamente feitas. Isto indicará que ele
chegou a pensar numa edição revista dos sonetos, tal como fizera para
Antinous, também primeiro publicado na mesma ocasião que eles. Numa
nota dactilografada, adiante referida, e em que há um plano de publicação
dos poemas mais extensos, Pessoa previa a publicação de *Fifty Sonnets,* e
não apenas de trinta e cinco, como fez em 1918. Porque essa nota é ulterior
aos princípios de 1917, repare-se que por essa altura (1917-18) quinze sonetos
não foram escritos ou foram abandonados. Voltaremos a este ponto ao tra-
tarmos especificamente dos *35 Sonnets.*

poemas cuja imitação grega não era só de «sentimento», mas de estilo também, e que, diversamente, equilibravam pela contenção o erotismo daquele poema, como antes sucedera com a publicação dos sonetos. Curiosamente, nenhuns outros poemas foram acrescentados à publicação de *Epithalamium*, apesar do «bestial» do texto. E não foi uma questão de páginas dos folhetos: *E. P. — I-II* tem 20, e sem as quatro de *Inscriptions* teria a exacta dimensão de *E. P. — III*. É que não só não possuiria o poeta outros poemas ingleses que ali harmonicamente ficassem, como a «bestialidade» heterossexual não precisava, qual o outro poema, da amplificação dignificadora das imitações da insigne *Antologia Grega...*

Assim, os poemas ingleses que Pessoa publicou, escritos em 1913-1920, foram-no em 1918-1921. Repare-se que, em 1912, com os seus artigos sobre o saudosismo, ele se fizera um nome na vida literária, e que, em 1915-17, esse nome se tornara o de um dos chefes do Modernismo vanguardista em Portugal. Ora nada mais demonstrará melhor como, em 1917-18, e tendo-se Sá-Carneiro suicidado em 1916, Pessoa se sentia só na chefia de um movimento que tudo parecia diluir em prolongamentos esteticistas-simbolistas e na literatice tradicional, quanto o facto de, após essas aventuras que hoje assumem o aspecto de uma gloriosa época, ser quando ele se decide a publicar-se em inglês — ao mesmo tempo que, paradoxalmente, ele em inglês era infinitamente menos vanguardista do que o estava simultaneamente sendo em português.

A este respeito, e é da maior importância para o entendimento do Pessoa inglês e português «traduzido», há que insistir numa diferença fundamental entre o vanguardismo continental europeu e o anglo-saxónico. Este, por acção dos imagistas, de Ezro Pound, e de revistas na Inglaterra e na América, não teve o carácter de escândalo que foi buscado em Portugal em 1915, e é antes um conjunto de diversas tendências e personalidades que, nessa década, pouco a pouco vão afirmando os seus caminhos. Os escândalos e as agressividades chocantes *já* tinham sido

usados e esgotados, na Inglaterra, pelos esteticistas, na viragem
do século, e o processo de Oscar Wilde pusera neles um ominoso
ponto final. Mas será o tom de escritos ingleses dessa época, muito
mais do que ecos ou acções paralelas do que faziam os vanguar-
distas franceses ou os futuristas italianos, o que repercutirá por
exemplo no *Ultimatum* de Álvaro de Campos[1]. Na literatura
de língua inglesa, por outro lado, e desde *Leaves of Grass* de Walt
Whitman nos meados do século XIX, o versilibrismo e a liber-
dade das formas poéticas não eram os escândalos que eram, e
ainda são, nas literaturas neolatinas com uma tradição mais
rígida, aliás, de metrificação, ainda que, em 1917, o jovem T. S.
Eliot (nascido no mesmo ano de Pessoa) se sentisse na obrigação
de explicar o *vers libre* pelo modelo dos simbolistas franceses
— mas não como o fariam um português ou um francês, e sim
para, ao lado e para além do largo versículo whitmaniano (que
tinha tradições bíblicas anglo-saxónicas, com a magnificência
versicular da *King James' Bible* desde o século XVII quotidiano),
defender estruturas quase «prosaicas» do verso mais curto[2]. Por-
tanto, com Whitman por um lado, e os esteticistas por outro, a
liberdade métrica e as agressividades escandalosas já, por então,
haviam exercido o seu papel. E isto explica duas essenciais coisas
que marcaram o vanguardismo anglo-saxónico: a busca de uma
objectividade poética contra o sentimentalismo e as convenções
literárias, e certo datar os escândalos, não do início do moder-
nismo, mas da década de 90, quando havia sido que, diferente-
mente do que acontecera no continente europeu, a respeitabili-
dade e os convencionalismos vitorianos são frontalmente atacados

---

[1] Veja-se, do autor deste prefácio, *A Literatura Inglesa*, São Paulo, 1963,
para o desenvolvimento do modernismo britânico. E, para textos e informa-
ções sobre o esteticismo em edições acessíveis: Holbrook Jackson, *The Eighteen
Nineties*, ed. Penguin, Londres, 1939; William Gaunt, *The Aesthetic Adven-
ture*, ed. Penguin, Londres 1957; *Aesthetes and Decadents of the 1890's* ed.
Karl Beckson, New York, 1966; *The Yellow Book: Quintessence of the Nine-
ties*, ed. Stanley Weintraub, New York, 1964.
[2] T. S. Eliot. *Selected Prose*, ed. John Hayward, Londres, 1953.

por uma coligação contraditória de simbolismo, naturalísmo, esteticismo, literatura social, etc., que havia um quarto de século que desafiavam e vinham derrubando as literaturas amestradas e oficiais na Europa continental, como movimentos mais ou menos sucessivos. Por 1914, Fernando Pessoa entendera que, em Portugal, afinal o convencionalismo literário se reinstalara e até seria representado pelo saudosismo e tendências afins que ele aplaudira em 1912. Mas entendera-o em termos britânicos de os excessos esteticistas não serem aceites (e será nestes termos que, nos anos 20, ele defenderá António Botto), ainda quando uma consciência de vanguarda nele se desenvolvia. Mas, enquanto poeta inglês, e não apenas por, não vivendo na Inglaterra, a língua lhe ser «literária», já que sempre teve, na família e fora dela, contactos com pessoas de língua inglesa, mas porque, ainda que na Inglaterra vivesse, não lhe teria sido fácil estabelecer uma fronteira entre o esteticismo e o mais que com este se misturara, e um vanguardismo que despontava dispersamente e com repercussão restrita, Fernando Pessoa necessariamente escreveria uma poesia «literária» que, até certo ponto, constitui reversão da poética dos esteticistas (e nem o arcaísmo literário, mesmo em poetas ingleses ulteriores, deixou de ser uma linguagem da poesia britânica).

As obras críticas citadas mencionam as referências críticas inglesas aos poemas de Fernando Pessoa, e podem para tal ser consultadas. Todavia, essas referências não têm sido interpretadas no seu contexto britânico e temporal. A poesia inglesa, naquela época, e a crítica dela continuavam dominadas pela dicção elegante e sonhadora da poesia «georgiana» que os vanguardistas desafiavam e que foi nos poetas, e não todos, saídos da Primeira Grande Guerra, que encontrou uma expressão mais directa, mais dramática, ou menos bucolicamente tradicional. Esta poesia, que continuava certos aspectos do romantismo e do vitorianismo menores, fora de certo modo uma reacção respeitável contra os excessos esteticistas de invenção estilística e de audácia temática. A ressurreição dos poetas ditos «metafísicos» do século XVII (que são, em classes diferentes que a crítica inglesa ainda hoje não separa, maneiristas e barrocos), que, por exóticos, haviam interessado vanguardas britânicas, desde os pré-rafaelitas aos esteticistas, não se inicia, na vida literária inglesa, antes dos anos 20, com os famosos ensaios de T. S. Eliot (cf. *Selected Essays* e outros volumes seus). E, por outro lado, o isolacionismo e a arrogância anglo-saxónicas nunca em verdade reconhecem que um «estrangeiro» possa escrever em inglês (ainda hoje a crítica insiste no estilo «artificial» do polaco Conrad, um dos maiores escritores da língua inglesa, e por certo muito menos «artificial» que o de muitos ingleses ilustres do seu tempo), ou sequer *viver* em literatura da língua (o que não é bem a mesma coisa que o mito romântico da vivência de uma língua e de uma cultura «nacionais»). Assim sendo, e ainda quando os poemas ingleses de Pessoa fossem melhor poesia, a crítica britânica da época achá-los-ia uma curiosidade estrangeira, uma imitação das fantasias estilístico--intelectuais do soneto isabelino e jacobita não reposto em glória [1], um excesso dos requebros esteticistas, ou inspirações literárias (a poesia georgiana, extremamente literária, afectava uma simplicidade «natural»). Mas não só. A este respeito, cumpre ponderar o que um sul-africano comentou: «It is odd to read that this great Portuguese poet "never fully mastered the syntax of his own language" and the touch of humour in his writings is essentially of the English type. One can guess that it had the odd attraction that the occasional un-English phrase in Conrad's novels has, or the slight English twist that exists in the

---

[1] Quando Pessoa se refere, em nota a Côrtes-Rodrigues, aos sonetos de Shakespeare, quer-nos parecer que o grande Will é usado como o símbolo de uma época para um amigo que não conhecia literatura inglesa, e era a única maneira traduzível de referi-la sem mais explicações. Na verdade, a sequência, na extrema complicação estilística e na análise das relações abstractas do conhecimento e da linguagem, era muito mais uma modernização das numerosas sequências de sonetos dos reinados de Isabel I e de Jaime I, que propriamente dos sonetos de Shakespeare, cuja complicação intelectual é compensada por uma directa paixão lírica que não há nos de Pessoa.

Afrikaans poetry of Eugene Marais — the South African genius who most resembles Fernando Pessoa»[1]. Este trecho serve-nos igualmente para encerrar o comentário à crítica britânica e para compreendermos Pessoa linguisticamente. Muito inteligentemente, o autor entendeu — e os dois exemplos que dá são excelentes — como Pessoa se britanizara intelectualmente e linguisticamente, e como por isso mesmo (tal como o polaco Conrad escrevendo em inglês, ou o sul-africano Marais projectando em poesia «afrikander» giros ingleses da frase) o que pode parecer falta de domínio da sintaxe portuguesa é o forçar os esquemas tradicionais da língua escrita a conformarem-se, no que se torna uma invenção de estilo, a estruturas comuns da língua «primeira» que, para Pessoa era, literariamente, o inglês. Fenómenos desta ordem, em autores bilingues, não serão tanto efeito de projecção inconsciente de uma língua sobre a outra, mas de a invenção estilística resultar de o escritor não encontrar, na outra língua, modos de dizer para expressões que lhe parecem mais rigorosas e adequadas se consideradas na outra — e é o que Pessoa fez com as suas adjectivações sintagmáticas, a sua substantivação dos verbos, os seus desdobramentos, em português, do «caso possessivo» britânico, etc. E, com toda a artificialidade virtuosís-

---

[1] «É estranho ler-se que este grande poeta português "nunca plenamente dominou a sintaxe da sua própria língua" e o toque de humor nos seus escritos é essencialmente do tipo inglês. Pode supor-se que terá a estranha atracção que tem a ocasional frase não-inglesa nos romances de Conrad, ou o leve jeito britânico que existe na poesia "afrikander" de Eugene Marais — o génio sul-africano que mais se parece com Fernando Pessoa», Hubert D. Jennings, The 'D(urban) H(igh) S(chool) Story, 1866-1966, faithfully recorded, Durban, 1966, obra fundamental, apesar do pouco e vago das informações, para os estudos de Pessoa na União Sul-Africana e a sua personalidade adolescente (o poeta é apresentado como uma das glórias da escola). A estes aspectos foi dedicada também uma tese do professor norte-americano Alexandre Severino. Depreende-se do livro que Pessoa não deixou memórias de eminência em ginástica ou jogos, e quase as não deixou pessoais pela arte de fazer-se invisível. Mas deixou-as quanto ao seu domínio da língua inglesa e à sua inteligência de estudante.

tica da sua linguagem poética inglesa (artificialidade que, tradu-
zida em esquemas sintácticos como os acima referidos, é a natura-
lidade insólita da muito sua língua em português...), não pode
dizer-se que ela seja marcada, muito ao contrário, por lusismos
sintácticos. O que poderá dizer-se é o que em famosa piada disse
Bernard Shaw — vê-se logo que não é inglês um sujeito que
escreve tão bem (i. e. que domina tão virtuosisticamente o voca-
bulário e as estruturas do inglês)...

Além dos poemas publicados em folheto em 1918-21, dentro
desse período Pessoa publicou disperso um pequeno poema,
Meantime, em *The Athenaeum* de 30 de Janeiro de 1920 (uma
das mais prestigiosas revistas do tempo). É fácil de concluir que
a aceitação desse poema terá sido um resultado dos folhetos de
1918, e que ela por certo contribuiu para que logo Pessoa trate
de novamente publicar-se em inglês em 1921, abrindo a série dos
English Poems. Ainda em 1923, na revista *Contemporânea*, inse-
riu ele um outro breve poema em inglês, cuja publicação não
fazia sentido na cultura literária portuguesa do tempo. E foi a
sua despedida de poeta inglês em público. A colectânea *The Mad
Fiddler* ficou inédita. E, quando em 1924-25 dirigiu a *Athena*,
em que tão largamente se publicou, foi à revelação sobretudo de
Alberto Caeiro (39 poemas) e Ricardo Reis (20 poemas), além de
poesia ortónima, que dedicou as páginas da revista. Os dois gran-
des heterónimos, que já tinham então uma década de existência,
estavam ainda inéditos: ao lado do Fernando Pessoa ortónimo,
e com o encargo de ser mais agressivo do que este, só Álvaro de
Campos era uma «figura literária».

Que devemos pensar desta coincidência entre o silêncio
inglês e a aparição pública dos dois lusos heterónimos (um dos
quais o «mestre»)? Uma crítica de vanguarda chamando a aten-
ção para o «caso» excepcional de Pessoa e reconhecendo-lhe a
grandeza data da segunda metade dos anos 20, e é de qualquer
modo ulterior à transformação que se situa (de «inglês» a «por-
tuguês» sobretudo) em 1924, e com que Pessoa havia respondido
à sua solidão de chefe vanguardista quase sem vanguarda... Não

41

foi, portanto, pelo menos inicialmente, a aclamação que os críticos «presencistas» lhe deram o que provocou a integração definitiva no mundo dos heterónimos portugueses (que são, de certo modo, não só a ideia de multiplicação objectiva da subjectividade proclamada em *Ultimatum*, nem só a brincada máscara da mistificação vanguardista, que se tenha colado à alma; mas também uma necessidade de encher, com gente mais real que a gente real, a solidão e o vazio) e a desistência do britânico. Por um lado, a cena das letras e das artes (*Contemporânea, Athena*, Salão dos Independentes, etc.) recuperava-se um pouco, em Portugal, na década de 20, das sobrevivências meramente esteticistas e do predomínio saudosista — algo havia no ar, quando é por 1924 que Teixeira de Pascoaes mais se confina à preparação das suas «obras completas» que à continuidade ininterrupta com que publicara novos livros de poemas por três décadas. Não era muito, mas era um pouco mais — e era *no* mundo em que Pessoa vivia havia vinte anos, e em que se ficara saboreando a ironia muito britânica de ser e de não ser dali. Além disso, a poesia em inglês, sendo um pressuposto prévio da sua formação literário-linguística, colidia com a «realidade» múltipla da heteronimia, era como que pré-histórica em relação a ela. Os heterónimos (o ortónimo incluído) haviam sido, em termos de vanguarda, *maneiras diversas de poder ser português* o poeta que havia no homem chamado Fernando Pessoa. Este aceitava a realidade de *não-ser*, uma vez que se ficava no Portugal em que ser, para ele, era uma virtualidade do intelecto. No fim dos anos 20, e nos anos 30 que viveu (e às vésperas de 1935 sabendo-se já perto da morte, pois que começara a arrumar e classificar os seus papéis[1]), a literatura mais jovem rodeava-o de uma aura que ele, se por

---

[1] Com efeito, a comparação dos envelopes em que ele classificara por heterónimos muitos poemas, com os primeiros volumes publicados das suas obras completas, mostra que estes são mais ou menos esses envelopes (os definidos, já que outros estavam marcados interrogativamente entre pares de autores possíveis), acrescentados todos do que estava dispersamente impresso e que Pessoa, entre os papéis, não se deu por isso a recolher.

um lado gratamente aceitava, por outro lado mantinha a uma irónica distância, como sempre mantivera tudo e todos [1]. Mas, em 1934, e na mesma ordem de ideias, pela qual vinte anos antes se libertara da «obscenidade» incómoda, deixou-se organizar e editar *Mensagem* [2], e mesmo ser oficialmente premiado com o livro [3], quando era evidente, por poemas seus e prosas mais ou menos inéditas, que não aderia à situação política, quando sabia perfeitamente que os seus admiradores mais devotados se chocariam com o que podia ser apresentado como uma adesão (e foi-o longamente), e quando ficar publicamente o poeta de *Mensagem* prejudicaria necessariamente a imagem do conjunto heteronímico (como ainda sucede em meios universitários, por repetição de muita «bibliografia», quando não por um misto de simpatia pelo tradicional que métrica e estroficamente o livro parece ser, de antipatia pelas formas vanguardistas, e de desconfiança por essa história estranha dos heterónimos...) [4]. Em parte, o que ele fez era reflexo da atitude muito britânica, e anglo-saxónica em geral (mas muito pouco portuguesa), de afirmar-se uma liberdade de opinião e de acção, independentemente de obediência a uma imagem assumida ou atribuída (já ele uma vez dissera que os poetas portugueses pensavam por caderno de encargos...); por outra parte, era certo gosto vanguardista de mistificar e de cho-

---

[1] Sempre bem educadas, as cartas publicadas a diversas pessoas no entanto patenteiam essa distância irónica e mesmo, por vezes, certa impaciência que se disfarça nas explicações racionalizadoras que dá de si mesmo.

[2] Nunca é demais acentuar, já que críticos responsáveis cometem habitualmente o erro, que *Mensagem* é de 1934, e não de 1935 em que ganhou o prémio parcialmente. O colofão da 1.ª edição declara que o livro acabou de imprimir-se em Outubro de 1934, e é 1934 o ano que figura na capa.

[3] Algumas informações sobre as circunstâncias algo burlescas desse prémio foram primeiro dadas pelo autor destas linhas, em *F. P. — Páginas de Doutrina Estética*, p. 339 e segs., em nota ao artigo com que Pessoa se vingou ironicamente da preferência dada ao premiado principal.

[4] Para o equívoco do «tradicional» contribuiu muitíssimo que o 1.º volume das Obras Completas, em 1942, tenha sido de poesia «ortónima», bem como para o relegar-se os heterónimos a segundo lugar em relação a ela.

car; mais, ainda por outra, era na verdade — e, se arriscava um prémio oficial que o seu amigo António Ferro queria dar-lhe com *aquele* livro, tanto melhor... — o despir a máscara do nacionalismo sebastianista, quando o nacionalismo se tornava um *regime*, da mesma forma que publicara *Antinous* e *Epithalamium* para exorcismar-se para mais altos voos. A morte, que ele cortejara tantos anos e que, com discreto alcoolismo britânico, acumulara em si mesmo, chegou talvez um pouco mais depressa do que ele a esperava, a 30 de Novembro de 1935, não lhe dando tempo a iniciar a publicação da sua obra. Para criar o que criou teve uma vintena de anos — e havia trinta e quatro que escrevia versos enquanto tais, desde aqueles tempos de 1901 em que começou a escrevê-los em inglês [1]. Essa morte, porém, fora-lhe anunciada em 1915-16, na sua amizade por Sá-Carneiro e na obsessão deste com o suicídio que se deu em Paris, a 26 de Abril de 1916, no exacto dia em que Pessoa lhe escreve uma carta que não conclui nem remete. A morte de Sá-Carneiro (e em cartas a Côrtes-Rodrigues, em Maio e Setembro desse ano, Pessoa fala de uma «enorme crise intelectual» pela qual passava, *ob. cit.*, pp. 76 e segs.) havia sido, simbolicamente, *a sua própria* morte, num processo oposto ao que, para a sua personalidade, havia sido o nascimento dos heterónimos por 1914. Sá-Carneiro escrevera, em 18 de Abril, uma carta desesperada a Pessoa (e já antes tentara suicidar-se). É curiosíssimo notar-se que a carta de Pessoa (a resposta não enviada, e por isso a temos, pois que os papéis de Sá--Carneiro desapareceram) é literariamente afectada e distante, muito diversa do tom das últimas que recebia do amigo. Não é de modo algum uma carta de socorro, um apelo à vida, mas como que um paradoxalmente trágico lavar de mãos à Pilatos. Ou

---

[1] Note-se que, estando em geral (a não ser em casos muito especiais) um desejo de expressão literária conexo com o despertar sexual do adolescente, Pessoa não é nessa matéria um retardado, já que isso lhe aconteceu aos doze anos de idade. O poema *Separated from thee...*, datado de 12 de Maio de 1901, quando ele tinha treze anos menos um mês, é, na sua ingenuidade literata e juvenil, um poema de amor.

44

Pessoa não acreditava nos dramas de Sá-Carneiro (por este os magnificar não eram menos reais para quem os sofria), o que não é possível pelo que o conhecia e as cartas que recebia dele; ou mantinha na exterioridade a certa distância uma intimidade que o assustava, o que só é parcialmente possível, dada a identificação entre ambos como pares e génios singulares, que se manifesta nas cartas de Sá-Carneiro; ou Pessoa via Sá-Carneiro como um ser inviável, marcado para a morte e, mais que para ela, para o suicídio, e, na união simbólica deles dois, ambos divididos dentro de si mesmos, aquele que tinha por destino o suicídio expiatório da sobrevivência do outro. Deste modo, o Antínoo que se teria suicidado misticamente para que o imperador Adriano sobrevivesse, e cuja morte este pagou com uma divinização oficial, era, em 1915, a potencialidade dessa morte, mas é, na publicação do poema, em 1918, o epicédio simbólico desse sacrifício expiatório [1].

Que fique bem claro que não insinuamos, nem sequer admitimos, uma probabilidade de quaisquer relações entre os dois amigos como as descritas no poema. Mesmo no plano dito «platónico» elas não existiram com qualquer conotação sexual, sem dúvida. Mas a filosofia platónica, o neoplatonismo, o que deles fluiu para o esoterismo hermético, autorizam perfeitamente o simbolismo expressamente sexual como representação da pura espiritualidade, e o mesmo autoriza a *Cabala*, ainda que possa-

---

[1] Há, a confirmar tudo isto, uma extraordinária coincidência. Fernando Pessoa publicou em *Athena* n.º 2, de Novembro de 1924, uma belíssima prosa, *Mário de Sá-Carneiro*, anteposta à publicação, que fazia, dos «últimos poemas» do amigo, que este, antes de suicidar-se, lhe remetera de Paris. A primeira frase desse artigo é esta: «*Morre jovem o que os Deuses amam, é* um preceito da sabedoria antiga» (itálico de Pessoa) (veja-se o artigo em *Páginas de Doutrina Estética*, sel., pref. e notas de Jorge de Sena, Lisboa, 1946, pp. 115-20). Como adiante veremos, uma das fontes modernas mais importantes para a figura de Antínoo é o longo estudo de John Addington Symonds, «Antinous», que faz parte dos seus *Sketches and Studies in Italy and Greece*, cuja primeira edição é de Londres, 1898. Estudioso de classicismo, historiador do Renascimento, biógrafo de Miguel Ângelo, e escri-

mos interpretar essa pura espiritualidade como sublimação e projecção das coexistências complexas da psicologia profunda (não de indivíduos «anormais», mas de toda a humanidade normal ou não). Mas nada há, ao contrário do que pensa Gaspar Simões (ob. e vol. citado, p. 187) de «serena e bela *abstracção*» (sublinhado seu) no erotismo de *Antinous*. Além do dramatismo emprestado à desesperada frustração erótico-sexual de Adriano ante o cadáver do amante (não são cenas de ternura e paixão as que ele evoca, mas as habilidades sexuais do favorito), as evocações são bem pouco «abstractas». Por certo que a literatura erótica da Antiguidade podia fornecer a Pessoa muitas sugestões descritivas, de explícita que é, como a literatura pornográfica vitoriana (a outra face da respeitabilidade) que talvez circulasse de mão em mão por baixo das castas carteiras das aulas da Durban High School, nos idos da viragem do século. Mas se as sugestões serão, não duvidamos, inteiramente literárias, não menos — como aliás em *Epithalamium*, em que ninguém, de certo modo, se escandalizará que o não sejam — assumem uma ardência imaginosa que excede em muito a simples *abstracção* (supomos que no sentido de «imaginação não dependente de efectiva experiência»). Evidentemente que, neste caso, G. S. procurava pôr discreta delicadeza no pisar de tão delicado terreno. Mas a verdade dos estudos sexológicos é que uma pessoa só não é capaz de imaginar aquilo que profundamente teme (ou porque o teme em si mesmo, ou

---

tor por direito próprio, Symonds (1840-1893) foi uma das mais importantes personalidades do esteticismo britânico. Aquela vasta colectânea de artigos e ensaios (e não conseguimos descobrir aonde terá sido primeiro publicado o sobre Antínoo) teve reimpressões em 1907, 1910 e 1927. É desta última edição (3 vols., Londres, 1927) que citamos o que se seguirá. A terminar o estudo, depois de sopesar as várias imagens e interpretações de Antínoo que a antiguidade nos legou, diz: «Front to front with them, it is allowed us to forget all else but the beauty of one who died young because the gods loved him» («Face a face com elas, é-nos permitido esquecer tudo o mais menos a beleza de *alguém que morreu jovem porque os deuses o amavam*» (itálico nosso) (*ed. cit.*, vol. III, p. 229). Symonds aplicou, ao terminar o seu artigo, a Antínoo a mesma frase com que Pessoa abre o seu sobre Sá-Carneiro.

porque as repressões sociais assim o condicionaram, no que não há muita diferença). Diremos, antes, no caso de Pessoa, que não é necessário defendê-lo do que nunca constou que ele efectivamente fosse, mas colocar a questão, não num plano de «anormalidade» — e sim no de uma dialéctica de castidade e de pan-erotismo, pela qual ele era, ao mesmo tempo, «normal», e se libertara da sua capacidade de imaginar fosse o que fosse sem repressão alguma. Se, depois disto, ele namorou longamente uma senhora, e não veio a casar com ela nem com ninguém, não pode tirar-se daí nenhuma conclusão directa, pois que não seria o primeiro nem o último homem a quem isso acontecesse. Se ao longo de tudo isto foi casto (e por certo que o álcool pode ser uma complementar transferência que à castidade ajuda), também não pode dar-se sobre ele um veredicto de impotência, já que só em mitologias de machismo lusitano as duas condições são quase necessariamente sinónimas. E, se tudo isto se coadunava com a sua descoberta do esoterismo — significativamente feita por 1915, quando traduzia livros teosóficos [1] —, quanto podemos e devemos dizer é que ele soube, como raros, criar-se o ser que lhe convinha para triunfalmente realizar-se e a uma obra que é em verdade *a sua vida*. Dele se poderia afirmar o que ele afirmou de Sá-Carneiro

---

[1] Como ele conta a Sá-Carneiro num trecho de carta (J. G. S., *ob. cit.*, II, pp. 229-30) que podemos interrogar-nos sobre se, por ter ficado nos papéis de Pessoa, chegou a ser enviada. Esta carta pode ser lida em Apêndice de Mário de Sá-Carneiro, *Cartas a Fernando Pessoa*, 1959, vol. II, pp. 221-23, e é datada de 26 de Abril de 1916, o exacto dia do suicídio de Sá-Carneiro em Paris. Pessoa respondia, com ela, à carta 113 de Sá-Carneiro, de 17 de Abril. Depois desta carta, Sá-Carneiro ainda escreveu uma última, de 18 de Abril, que, depois da morte dele, certamente por ter ficado sem ser remetida entre os papéis do suicida, foi enviada a Pessoa por José António Baptista de Araújo, em 27 do mesmo mês. As últimas cartas de Sá-Carneiro estavam cheias de referências aos seus projectos de suicídio, e já ele enviara a Pessoa o manuscrito dos seus poemas (que figura no espólio de Fernando Pessoa) e mesmo, como recordação, a sua «carta de estudante» na Faculdade de Direito de Paris. Cumpre notar que as últimas cartas de Sá-Carneiro a Pessoa eram angustiadas, insistindo por receber notícias dele, etc., e, se mantinham

(carta a G. S., de 10 de Janeiro de 1930): «O Sá-Carneiro não teve biografia: teve só génio. *O que disse foi o que viveu*» (sublinhado nosso). E é apenas em função desse «dizer» que foi a sua «vida», e para o entendermos melhor, que tudo o mais pode interessar-nos. Como Freud disse no seu magnífico ensaio sobre Leonardo da Vinci, o que interessa na vida de um artista, ou nas profundas da sua natureza, não é isso, mas o que ele fez disso, que é a obra de arte.

*

Cumpre-nos, agora, estudar, por si mesmos, os poemas que Pessoa publicou, e pela ordem em que ele os colocou. Embora seja uma questão algo secundária, qual é realmente essa ordem? Nos *English Poems — I-II-III*, sucedem-se *Antinous, Inscriptions, Epithalamium*, em 1921. Mas, em 1918, a primeira versão daquele primeiro e os *35 Sonnets* precederam os outros, e em especial *Epithalamium*, que é por certo cronologicamente anterior aos outros na composição. Os sonetos, todavia, não chegaram a entrar na reedição. Parece, portanto, que a ordem será, ou deve ser, a dos *English Poems*, seguidos dos *35 Sonnets*, vindo após estes os dispersos poucos, cuja publicação foi mais tardia. E esta é a ordem estabelecida nesta edição, para os próprios poemas.

---

aquele tom de época esteticista com que Sá-Carneiro escrevera tantas (e tão belas), vibravam de uma intensa e desesperada humanidade em que os ouropéis se desfaziam à pressão interna de uma vida que se decidira pela extinção. A comparar com estas cartas, e em face das declarações de suicídio que Sá-Carneiro fazia, a carta que de Pessoa possuímos (uma outra, de 14 de Março, conhecemos também, porque existia por cópia nos papéis de Pessoa), e que não terá chegado a ser enviada, é aterradora de distância, de desculpas por «eu tenho tido, com efeito, bastante que fazer», etc. E há nela um passo decisivo em que Pessoa se identifica com Sá-Carneiro (que na verdade está a abandonar ao seu destino), dizendo que sentiu a crise dele como sua mesma, por *projecção astral* (sublinhado de Pessoa) do sofrimento de Sá-Carneiro. O projecto inconcluso de carta termina com estas palavras pavorosas: «Peço-lhe, meu querido Sá-Carneiro, milhares de desculpas. *Mas isto não podia ter sido senão assim*» (sublinhado nosso).

Antinous

Para o leitor de hoje, que leia os poemas de Fernando Pessoa como os de um «contemporâneo» [1], o tema deste poema e a própria estrutura narrativa dele podem parecer distantes; e o uso desse tema da história antiga (e também da arte da Antiguidade, já que Antínoo inspirou numerosas obras de arte) parecerá, por sua vez, algo de pretensiosamente erudito. Perdeu-se vulgarmente muita coisa, indispensável ao entendimento deste poema: a presença efectiva da cultura clássica, a recordação (não compensada por amplos ou monográficos estudos específicos) da atmosfera cultural do Ocidente, desde o último quartel do século XIX aos primeiros anos do século actual, a compreensão do interesse narrativo em poesia (para não falarmos da própria compreensão de um *poema longo em si*). Se hoje, apesar da linhagem que tende para a destruição de estruturas não apenas discursivas mas também de concreção imagística e metafórica, pela concentração nos aspectos da linguagem como signo arbitrário e tipográfico, já a própria prática da poesia moderna, com numerosos poemas longos, desmentiu a superstição da validade exclusiva do momento lírico, decorrente das teorias de Bergson e de Croce, não menos ainda se conserva (e até se ampliou à própria arte da ficção em geral) uma superstição contra o poema que se estruture *narrativamente*, como é o caso de *Antinous* e de *Epithalamium*. Quando, actualmente, a crítica teme ou ataca o que chama «discursivo» está realmente, na maioria dos casos, a confundir «discursivo» com «narrativo». Porque é importante tomar consciência de que,

---

[1] Escritores e críticos não eruditos tendem sempre a ler os autores anteriores num plano de abstracção estética, que se concretiza, para eles, na relação com os seus próprios gostos e interesses contemporâneos — é, ainda que nem sempre declarado, um critério de *relevância*, que ignora o importantíssimo e indispensável correctivo da *perspectiva histórica*, pelo qual um autor só pode ser entendido e apreciado na relação dialéctica entre o tempo e a cultura que foram dele, e o que, nele, possa ou *deva* chamar-nos a atenção.

se «discursivo» não significa necessariamente «oratório», também «narrativo» não implica contar-se uma história. «Narrativo» é também o que descreve uma cena, o que evoca uma situação, o que analisa um estado de alma, em lugar de simbolizá-los em metáforas que os suprimem como referência concreta. Por outro lado, o poema longo, exigindo uma justaposição sucessiva de momentos líricos (e referimo-nos apenas a poesia sobretudo lírica, ainda que em amplo sentido), assume necessariamente uma *estrutura narrativa*, sem que por isso seja aquele amplo género de que a poesia épica foi a imagem ideal. Exemplo excepcional, na obra de Fernando Pessoa, é a *Ode Marítima* de Álvaro de Campos, cuja estrutura é narrativa, sem que o tom deixe de ser o celebratório da ode; e, no plano de narração que se organiza como uma sequência, *O Guardador de Rebanhos*, de Alberto Caeiro, não menos o é. Com isto, queremos também acentuar que um poema como *Antinous*, ainda que o não pareça, não é único na obra de Fernando Pessoa & C.ª (ou seja a sociedade heteronímica em que ele se realizou).

Se a poesia inglesa, em que ele se educara primeiro, lhe oferecia uma vasta massa triunfal de poemas longos da mais vária espécie, desde a meditação lírica à epopeia, que não tem realmente par na poesia portuguesa em semelhante proporção de obras excepcionais, a verdade é que esta, e sobretudo na imagem que apresentava ao tempo dele, não era a esse respeito um deserto. Junqueiro, Gomes Leal, Eugénio de Castro, Teixeira de Pascoaes, etc., todos haviam escrito longos poemas, e precisamente Eugénio de Castro os escrevera em estilo esteticista-simbolista.

A poesia ocidental, mesmo em poemas puramente líricos, na segunda metade do século XIX, está carregada de referências e de alusões históricas ou cultas, colhidas quer mais ou menos directamente, quer como fórmulas transmitidas na própria prática literária. Isto, em grande parte, e se bem que o Romantismo largamente as tivesse feito ou tivesse desenvolvido temas históricos, deveu-se à reacção esteticista contra o subjectivismo romântico (que se deu aliás em muitos românticos como um Keats oú um Platen) e ao desejo de opor ao sentimentalismo e à contemporaneidade realista um mundo prestigiado pela História que o Romantismo glorificara. Alguns românticos, os esteticistas do realismo, e os decadentes e parnasianos, como os simbolistas, mais e mais apelaram para evocações dessa ordem [1].

Em Portugal, aonde estas complicações foram algo simplificadas, a cultura clássica não desempenhou nelas, até certo ponto, um tão grande papel. E, nela, menos ainda os aspectos gregos dela o desempenharam. O neoclassicismo helénico que, nas outras literaturas europeias, reagiu contra a tradição do classicismo seiscentista e setecentista pelos modelos franceses, e, conforme os casos, precedeu, opôs-se ou fundiu-se em individualidades românticas, não é visível, quer nos árcades finais, quer nos chamados pré-românticos, quer em escritores românticos, que todos continuaram mais ou menos presos à tradição eclesiástico-universitária de uma educação sobretudo latina e retórica. E isto é tanto mais curioso quanto (o que é uma contraprova) sobretudo os pré-românticos, como os primeiros românticos, não eram ignorantes de cultura alemã ou inglesa, aonde tais coisas se haviam passado e passavam: Portugal não tomou conhecimento do que era o que correspondeu ao Goethe neoclássico, a Hölderlin, ou mesmo a um Maurice de Guérin, e que radicava em grande parte nos estudos de crítica de arte de Winckelmann (uma das fontes, este, de Pessoa, neste caso). Mas não se pense que aquela cultura

---

[1] Flaubert é típico a este respeito, e teve uma influência sugestiva imensa. O realismo esteticista, que se simboliza nele, e que tem na poesia de Baudelaire uma contrapartida, procurou objectivar na criação estética o realismo romântico que já reagia contra o Romantismo propriamente dito. Baudelaire, com o seu gosto pelos aspectos ditos «mórbidos», veio logo a ser imagem do «decadentismo»; paralelamente, Leconte de Lisle foi o parnasianismo. Deste e da descendência decadentista de Baudelaire se diferenciaram, como escola, os simbolistas. E o simbolismo-decadentismo francês, ao frutificar na Inglaterra na continuidade do pré-rafaelismo, foi o *esteticismo* britânico dos anos 90.

clássica não pesava realmente na formação dos escritores portu-
gueses no século XIX: basta atentar-se nas constantes referências
que a ela faz um Eça de Queirós.

Todos os «ismos» do século XIX, e sobretudo na segunda
metade dele, usaram das referências e das alusões clássicas, como
do exotismo do Próximo Oriente, para oporem um mundo mais
«livre» ao mundo das repressões da respeitabilidade burguesa.
O realismo (retomando, em termos moralistas, os temas da licen-
ciosidade do século XVIII) desejara exprimir uma franqueza eró-
tica que as idealizações românticas haviam suprimido (sem pre-
juízo de muitos românticos terem sido intensamente eróticos nas
suas obras). O erotismo tornava-se, moralista ou não, uma das
armas de demolição social. Mas, ao mesmo tempo, ou descrevia
o que se passava grosseira e violentamente (como a «realidade»
parecia ser a esses homens, e ainda hoje parece a muitos) no
mundo quotidiano (e foi o que o naturalismo fez), ou transferia
para um mundo fantástico de evocação historicista aquela exa-
cerbação erótica que, no contemporâneo, estava «suja», ou era
vista degradadamente por séculos de cristianismo repressivo (e
foi o que as várias correntes esteticistas fizeram). O entrecruzar
constante destas duas tendências é patente nas literaturas da
segunda metade do século XIX e primeiros anos do século XX
(e, por isso, muita «Arte pela Arte» deve ser entendida como o
revolucionarismo, que foi, contra o enquadramento sociomoral
das sociedades estabelecidas).

Por séculos e séculos a cultura clássica, mais ou menos
exclusivamente latina, havia sido o suporte da educação ociden-
tal, que só deixou de ser, quando o pragmatismo burguês lhe
opôs, falsamente, a necessidade da instrução científica (o que
era, note-se, também uma manobra, que ainda hoje muitos
não entendem, contra uma cultura que, independentizada do
enquadramento cristão, ameaçava o pietismo protestante e a
sacristia católica, em que as sociedades estabelecidas baseavam
o seu poder). Mais longamente que em Portugal, continuou a
sê-lo, apesar de tudo, e até tempos recentes, noutras áreas cultu-

rais. Assim, todo aquele material de alusões, referências, temas, que esteticisticamente é empregado nos fins do século xix, e que muitas vezes serviu para sugestões audaciosamente eróticas e até calculadamente perversas, não era, na verdade, para quem o usava como para quem o lia, tão «exótico» ou tão «pedante», como hoje, na cultura pedestre e precipitadamente autodidacta de escritores e de público, pode parecer que o é. O que era então «novo» e agressivo não era, pois, o mero uso de tudo isso, mas as patentes intenções com que era empregado: e estas eram o repor em público, por desafiador requinte esteticista, aquilo que os latinistas e helenistas sempre tinham conhecido, é que a Idade Média, o Renascimento, o Barroco e mesmo o classicismo sete-centista haviam imitado com maior ou menor licenciosidade. Educado através de um currículo de estudos secundários britâ-nicos, em que as literaturas clássicas ocupavam um lugar que não teriam tido para ele se tivesse ficado em Portugal, Fernando Pessoa apenas recebeu mais extensa e profundamente, ainda que em nível elementar, o que o integrava numa tradição de séculos, que, nesse momento, era desviada — descobri-lo-ia ele — para outros fins: de libertação moral, social e literária.

Desde os meados do século xix, Antínoo era, na literatura ocidental, uma referência ou alusão constante, que o esteticismo explorou, sempre que se tratasse de simbolizar a beleza masculina juvenil (e também um carácter dúbio que essa beleza pudesse ter). Mas a figura dele e a sua história verídica haviam sido sempre conhecidas e referidas, desde que, já na era cristã, o imperador Adriano elevara a personalidade histórica do seu favorito à divinização, acrescentando Antínoo à lista de ado-lescentes mitológicos e eroticamente simbólicos: Adónis, Átis, Ganimedes, etc., que todos, e mesmo nos momentos mais cató-licos das literaturas ocidentais, não deixaram de ser tema poé-tico, precisamente pelo que eroticamente podiam simbolizar. Se Adónis e Átis são de certo modo heterossexuais, Ganimedes e Antínoo expressamente o não eram. Mas Ganimedes raptado por

53

Zeus podia ser, e foi, interpretado cristãmente como significando o humano possuído pelo divino. Antínoo havia sido, porém, uma figura histórica divinizada por um amante mais histórico ainda — era realmente o mesmo processo transferido ao plano do meramente «humano» (com toda a sugestividade das grandezas imperiais romanas). Mas esta transferência era precisamente o que, por várias razões, podia interessar o século XIX. Era uma portentosa manifestação de paganismo, *ulterior* à aparição do cristianismo; era uma divinização *imanente*, ao alcance do homem e realizada por este; e era, além disso, tudo isso indissoluvelmente ligado com a, em termos sociomorais cristãos, mais escandalosa e proibida das «paixões»: a homossexualidade masculina. Esta, e não porque alguns grandes escritores dos fins do século XIX tenham sido homossexuais, mas pelo que mencioná-la representava de audácia agressiva contra os tabos sexuais de qualquer ordem, foi aberta ou subterraneamente um dos mais ocorrentes temas dessa época [1], e Fernando Pessoa, ao usá-la em *Antinous*, não fazia mais, de certa maneira, que seguir essa tendência dela, centrando-a num dos símbolos mais especificamente significativos.

Por outro lado, Antínoo não ficou, na cultura, apenas como uma memória histórica de um «caso» da Roma imperial. Ao

---

[1] Seria absurdo e ridículo supor, como há quem primariamente suponha, que a emergência de escritores como Verlaine, Rimbaud, Oscar Wilde, André Gide, Marcel Proust, etc., e o êxito deles, representavam uma conspiração homossexual para o domínio da cultura e a dissolução dos costumes. O que sucedeu foi o contrário: porque toda uma rebelião contra a hipocrisia sociomoral se desencadeara, foi que eles puderam realizar-se como escritores, independentemente de serem homossexuais, lado a lado com muitos outros que o não foram, mas que viam neles uma afirmação da liberdade da literatura e, também, aquele imenso grau de «perversidade» (que vários deles não teriam) que era parte da ideia de *decadência*. Esta, ao contrário do que tradicionalmente sucedera por comparação com épocas supostas modelarmente ideais, surgia como um valor *positivo*: a frutificação das «flores do mal» que Baudelaire plantara. Sobre a ideia de decadência, veja-se o nosso ensaio sobre ela, em *Dialécticas da Literatura*, Lisboa, 1974.

imortalizá-lo, Adriano povoou de estátuas dele o Império, e
muitas dessas obras, que representam a última floração magní-
fica da escultura da Antiguidade, sobreviveram nos museus e
colecções da Europa. O jovem bitínio não é, assim, um fantasma
histórico e um nome, mas uma realidade iconográfica que se
perpetuou e sobreviveu. Por idealizadas que as suas figurações
fossem e por muito que, na divinização intencional, o represen-
tem com atributos de deuses a que poderia ser assimilado, há,
nas que se conhecem ou se identificaram como tais, um ar de
«retrato» a irmaná-las, que não é só do realismo retratístico da
escultura romana, mas por certo da expressa intenção de não
torná-lo *abstracto* e sim de tornar divino *aquele* homem, tal
como ele era. Portanto, as alusões ou referências a ele (a não ser
quando se sente que são mecânicas e superficiais) correspondiam
a uma *imagem definida,* precisamente a que teria sido a sua e
Adriano fez que fosse perpetuada. Esta imagem não é, porém,
de modo algum, a de um jovem lânguido e efeminado, ondu-
lante e frágil, que habitualmente se associa, irónica ou perversa-
mente, com *efebo* (vocábulo que o esteticismo tanto usou): é sim
a de um jovem atlético e viril, marcado de uma intensa sensua-
lidade física e de uma curiosa e distante, quase irónica, melan-
colia profunda. Tal melancolia não será, porém, a morbidez
culpada que autores condicionados pelo cristianismo supuseram
que seria. Não poderia haver tal na representação iconográfica
de quem foi divinizado como ele o foi, nem as relações dele com
o imperador estavam psicológica ou socialmente manchadas de
um sentimento de culpa. Será, antes, a expressão simbólica de
uma grande complexidade que se reflecte no poema de Pessoa,
e de que o próprio Adriano nos legou uma das chaves, num
brevíssimo poema que veio a ser das mais fecundas coisas que
jamais se escreveram. Antínoo reflecte, no rosto e nas atitudes,
a mágoa irreparável da juventude cortada pela morte, a surpresa
irónica daquele que morreu de súbito num acidente sem sentido
ou a consciência transcendente daquele que se mata para dar

vida a quem ama [1], e a ambiguidade suprema daquele que, sendo humano, se vê divinizado. A chave de Adriano é a seguinte. Nos últimos anos da sua vida (Adriano terá sobrevivido oito anos a Antínoo) [2], dos quais os últimos quatro foram de grande sofrimento físico, e quando estava às vésperas da morte (salvo em casos de acidente ou doença súbita, a humanidade, até aos progressos médicos do século XIX, se estava para morrer, sabia que morria), compôs ele um poema muito breve, gracioso e irónico, mas também profundamente dramático — o famosíssimo *Animula vagula blandula*, que aqui damos e traduzimos [3]:

---

[1] Adriano, oficialmente, considerou a morte de Antínoo acidental. Mas o que se dizia, e os historiadores registaram, foi que, sabedor de um oráculo de morte próxima do imperador, Antínoo se suicidou propiciatoriamente para prolongar-lhe a vida. Dado às iniciações esotéricas como Adriano era, nada há de contraditório na atitude oficial dele: o sacrifício era um segredo que ele não tinha o direito de revelar, e cuja eficácia poderia perder-se pela revelação. Neste último caso, não estava Adriano egoisticamente a capitalizar o segredo em proveito da sua superstição; mas a evitar que o suicídio de Antínoo, além de horrível para ele, se tornasse absurdo por transcendentalmente inútil.

[2] Em 130 da nossa era, quando terá morrido Antínoo, Adriano tinha cinquenta e quatro anos. No poema de Pessoa é um homem desta idade quem chora um morto pelo menos trinta anos mais novo do que ele. Mas é também o Deus Pai, chorando a morte necessária do Deus Seu Filho, que é um seu *alter-ego*. Veja-se, para uma comparação, Charles Péguy, *Le Porche du Mystère de la Deuxième Vertu*.

[3] É impossível dar em português, sem que o texto fique metricamente excessivo e sentimentalmente piegas, a acumulação de diminutivos do original latino. Note-se que Fernando Pessoa conheceria possivelmente este poema de Adriano das suas leituras de poesia clássica, mas, grande leitor que havia sido de Byron, poderia ter encontrado a tradução (publicada com o original latino) que este poeta fez e se encontra em *Hours of Idleness*, colectânea juvenil com que abrem as obras completas. Byron, aliás, traduziu também o verso célebre sobre a morte juvenil: *Whom the gods love die young*.

Animula vagula blandula	*Alminha vagabunda blandiciosa,*
hospes comesque corporis	*Do corpo a moradora e companheira,*
quae nunc abibis in loca	*A que lugares tu te vais agora,*
pallidula rigida nudula	*Tão pálida, tão rígida, tão nua?*
nec ut soles dabis iocos.	*Nem mais às graças te darás de outrora.*

Este poema, que é o ponto de partida do que veio a ser a *Alma minha gentil* [1] e fascinou os séculos, corresponde àquela melancolia de Antínoo, mas também ao espírito de jogo, cuja perda, no poema de Pessoa, o imperador lamenta no favorito morto. E é uma despedida irónica e pungente, terna e displicente, da vida, no que ela pode ter de gratuito e a morte não, através da apóstrofe à própria alma que parte.

Públio Élio Adriano nasceu em Itálica, nas proximidades da actual Sevilha, em 76 da nossa era, membro de uma velha família romana estabelecida nas Espanhas. Neto de uma tia do imperador Trajano que era também «espanhol», a ele sucedeu em 117, tendo ao tempo havido dúvidas sobre se a sua adopção por aquele imperador era autêntica ou não (de qualquer modo, ao que parece, era o mais próximo parente de Trajano, que então havia, e gozava da protecção deste e da imperatriz Plotina que teria manobrado a sucessão). Considerado um dos maiores imperadores já pela Antiguidade, os historiadores modernos de certo modo confirmam esta opinião acerca de quem foi uma das mais fascinantes e poderosas personalidades da história romana. Reinou até à morte em 138 (10 de Julho), tendo sido sucedido pelo imperador Antonino Pio, que ele adoptara para o efeito. As notícias históricas sobre a complexa personalidade de Adriano são os historiadores do Baixo Império, que por vezes manifestam os juízos contraditórios que a Antiguidade teve dela, por várias razões políticas (nos autores cristãos, a antipatia por quem havia sido sem dúvida uma das grandes glórias pagãs). Para o caso de Adriano são eles, por ordem cronológica, o grego Díon Cássio (155-235), os autores da compilação (preparada entre os fins do século III e os princípios do século IV) chamada *História Augusta,* o cristão Eusébio de Cesárea (264-340) na sua *História Eclesiástica* (IV, 3-9), os *Césares* (XIV) de Aurélio Vítor, compostos por 360 (cujo retrato da personalidade de Adriano é algo sinistro),

---

[1] Veja-se o estudo de Stanley Robinson de Cerqueira, «Adriano, Petrarca e Camões», *Revista de Letras,* Assis, vol. 2, 1961.

Eutrópio no seu *Breviário* (VIII, 6-7) composto em 378, as *Cró-nicas* (II, 31, 3-6) de Sulpício Severo que este cristão compôs entre 400 e 405, e as *Histórias contra os Pagãos* (VII, 13) do cristão Orósio, compostas por 417. Das notícias destes historiadores e da documentação histórico-epigráfica, um rápido esboço da personalidade e da vida de Adriano pode ser esquiçado. Deixou fama de ser um grande pacificador do Império e das suas fronteiras, era um trabalhador infatigável e um administrador excepcional. A sua cultura enciclopédica ficou proverbial: Tertuliano chamou-o *omnium curiositatum explorator*. Era particularmente interessado em arte e em literatura (as antologias guardam poemas gregos seus); e, nas suas viagens, não perdia oportunidade de interrogar os oráculos, visitar santuários famosos, os lugares célebres, os túmulos dos grandes homens. Dos vinte e um anos do seu reinado, passou fora da Itália mais de dez. Na verdade, a sua história pessoal é a das suas viagens. Estando na Síria, quando sucedeu ao trono, chegou a Roma só no ano seguinte (118). Em 121-125, esteve ausente de Roma quatro anos. Tendo passado o Inverno de 122-23 em Espanha, vai à Mauritânia de onde embarcou para a Ásia Menor, que percorreu até à fronteira do Eufrates. É em 123 que conhece o bitínio [1] Antínoo, que se torna seu companheiro inseparável. Chega à Grécia nos fins de 124, e passa o Inverno de 124-125 em Atenas, iniciando-se nos mistérios de Elêusis. Em 125, preside às Dionisíacas e percorre a Grécia, de onde parte para a Sicília, aonde sobe ao monte Etna: esta ascensão cativou contraditoriamente a imaginação dos

---

[1] A Bitínia era uma região a noroeste da Ásia Menor, confinante com o Mar da Mármara, o Bósforo e o Mar Negro, que havia sido povoada por populações de origem trácia, as quais resistiram a Alexandre Magno, apesar das colónias gregas que o país possuía ao longo da costa. Organizada em reino, que resistiu longamente às pretensões da Síria helenística, foi governada por uma dinastia que durou desde 298 a. C. a 74 a. C., quando os romanos a conquistaram e a absorveram como província. Pela sua posição geográfica e pela sua história, a Bitínia era uma das províncias romanas em que se cruzavam as tradições do Próximo Oriente com a influência grega.

contemporâneos, por a razão ser o contemplar da altura o nascer do Sol (atitude romântica que aqueles tempos não podiam ainda compreender). Regressou a Roma no fim desse ano. Mas, pouco depois, passava a Primavera e o Verão de 128 em África, voltando a Roma em Agosto para logo partir de novo para a Grécia, aonde está em Atenas e assiste às festas de Elêusis (para receber a segunda iniciação nos mistérios). Demora-se por aí até à Primavera de 129, quando percorre a Ásia Menor. Uma nova ascensão — desta vez do monte Cássio na Capadócia — ficou lendária como a anterior, e com acrescentadas razões: um raio matou o vitimário, quando, no cimo do monte, o imperador sacrificava. Nos meados do ano está Adriano em Palmira, e passa o Inverno seguinte em Antioquia. Na Primavera de 130, visita a Palestina, aonde manda reconstruir a Jerusalém que havia sido destruída pelo imperador Tito, e mesmo deixa alguns judeus voltarem a estabelecer-se lá. Percorre seguidamente a Arábia, e, nos meados, do ano, chega ao Egipto, passando dois meses em Alexandria. Organiza-se então uma expedição que sobe o Nilo, e é nesta viagem que Antínoo se afoga em circunstâncias que ficaram misteriosas. Adriano proclama luto nacional, a deificação de Antínoo, e funda em sua memória a cidade de Antinópolis. Impulsionado por Adriano, o culto do favorito propaga-se por todo o império — note-se que já o próprio imperador vinha sendo assimilado ao Sol e ao Zeus olímpico, e era objecto de culto religioso. Até ao Inverno de 130, quando voltou a Alexandria, Adriano manteve-se no Alto Egipto. Em princípios de 131, visitou a Cirenaica, partindo no Outono para a sua querida Atenas que ele embelezara e modernizara (ainda hoje as ruínas do seu *forum* contam entre as antiguidades atenienses). Passado o Inverno, percorre a Trácia, a Mésia e a Macedónia, e funda Andrinopla (Adrianópolis). E novamente vem passar o Inverno de 132-133 em Atenas. Mas, neste último ano, preside pessoalmente à queda de Jerusalém aonde os judeus haviam desencadeado uma última revolta. É nos princípios de 134 que regressa a Roma, mandando então construir a sua gigantesca Vila Adriana, aonde são reproduzidos monumentos de todo o império, e aonde as estátuas de Antínoo velam a sua vida que já se extingue. Mas foi em Baies, na Campânia, e não na sua vila dos arredores de Roma, que ele morreu em 138. O mausoléu que mandara preparar para si mesmo é hoje, muito modificado na Idade Média e no Renascimento, o castelo de Santo Ângelo, em Roma, aonde, na câmara funerária, mão moderna inscreveu o pequeno poema que anteriormente transcrevemos. Adriano compusera as suas memórias, que se perderam. Uma magnificente invenção delas foi escrita por Marguerite Yourcenar, em *Mémoires d'Hadrien*, Paris, 1951, de onde na esmagadora maioria partem as referências modernas a Antínoo [1].

Antínoo, cuja imagem sobrevive na maior parte da sua iconografia que tem todo o carácter de ser predominantemente retratística, nascera em Claudiópolis, na Bitínia, e, como vimos, encontrou-se com Adriano por 123, quando era ainda um adolescente. Se foi ou não escravo do imperador é ponto de dúvida, até porque, em tempo de Adriano, a posição de escravo podia ser, em certas circunstâncias, muito fluida. A sua morte no Nilo foi interpretada de diversas maneiras, conforme os preconceitos simpáticos ou antipáticos ao imperador e às suas relações com o favorito e à deificação deste. Teria sido um acidente, conforme o próprio Adriano proclamou; teria sido um auto-sacrifício de ordem esotérica para prolongar a vida do seu bem-amado imperador; teria sido até um sacrifício ordenado por Adriano, com a aquiescência do jovem, para obedecer-se a oráculos em que o imperador acreditava. Já referimos antes estes aspectos que ficaram, mesmo na época, ocultos — e que, como Yourcenar bem diz, têm a incerteza da própria vida, quando interpretamos o que se passou na consciência de alguém. Mas o culto de Antínoo lançado a partir da fundação de Antinópolis aonde ele morrera foi tudo me-

---

[1] Este extraordinário romance é baseado numa sólida erudição acerca de Adriano e do seu tempo, como pode ser visto na sua nota final que pode dar ao leitor um sem-número de referências.

nos incerto. Na verdade, constituiu o último grande, fogo criador do paganismo que se extinguia. E as estátuas, baixos e altos-relevos, e moedas comemorativas desse culto formam um dos derradeiros conjuntos iconográficos — esplêndidos — do Império Romano. No século II, o epicurista Celso, autor de um «Discurso Verdadeiro», composto para ridicularizar o Antigo e o Novo Testamento, opunha o culto de Antínoo ao de Cristo, c. 178, quase meio século depois da morte de Antínoo e quarenta depois da de Adriano. Conhecemos fragmentariamente o texto de Celso, pela veemente resposta polémica que lhe deu o cristão Orígenes (c. 185 — c. 254) em 248. Por esta mesma época, o culto de Antínoo enfurecia S. Clemente de Alexandria (c. 150 — c. 215). Note-se que Fernando Pessoa estava informado destas polémicas e da existência dos «cristos pagãos» (ou individualidades mitológicas ou divinizadas cujo sacrifício era paralelo do de Cristo) [1]. E há notícias de o culto de Antínoo ter sobrevivido longamente, nos primeiros séculos cristãos, ao cristianismo que conquistava o Império. Não há dúvida — até pela quantidade de obras de arte, que sobreviveram à destruição promovida pelos cristãos dos ídolos pagãos — que esse culto centrado inicialmente na Bitínia, no Alto Egipto, e em Atenas (além da própria Vila Adriana), como também em Mantineia, na Grécia, por esta cidade se considerar a mãe das colónias gregas da Bitínia, se difundiu largamente e teve uma escandalosa importância que afligia os polemistas cristãos.

No século XVI, quando se difunde o interesse pela estatuária e a medalhística antigas, Antínoo reaparece, não só na sua icono-

---

[1] Havia, na biblioteca inglesa de Fernando Pessoa (cf. Apêndice I de Maria da Encarnação Monteiro, *Incidências Inglesas na Poesia de Fernando Pessoa*, Coimbra, 1956), a obra de John M. Robertson, *Pagan Christs*, Studies in Comparative Hierology, Londres, 1903, além de muitas outras obras deste livre-pensador britânico. Sobre os ataques de autores pagãos ao cristianismo, veja-se o fundamental Pierre de Labriolle, *La Réaction Païenne*, étude sur la polémique antichrétienne du 1er au VIe siècle, Paris, 1934 (que consultamos na 6.ª ed., de 1942).

grafia mesma (ele fora representado como um deus egípcio, como Diónisos, como Hermes, como Apolo, no plano divino, mas também como Hércules, ou como ele mesmo cujos traços todas as estátuas preservaram), mas também na literatura. É disto testemunho um longo poema atribuído a Ronsard (1524-85), primeiro publicado em 1855 [1].

No século XVIII, uma referência do marquês de Sade (1740--1814) mostra que a história de Antínoo era tão conhecida sua, quanto uma mera alusão seria reconhecida pelos seus leitores. Diz ele de uma personagem masculina na novela *Augustine de Villefranche*: «il aurait pu dans le même jour devenir l'Antinous de quelque Hadrien ou l'Adonis de quelque Psyché» [2]. Por essa época, o crítico de arte alemão Winckelmann (1717-68) [3], um dos restauradores do gosto neoclássico com os seus estudos sobre a arte da antiguidade, descreveu mais de uma vez as imagens de Antínoo. É desse novo gosto que resultaram, na segunda metade do século XIX, numerosas imitações ou cópias de esculturas antigas, como o «Castor e Pólux», estátua assinada e datada de 1767, por Joseph Nollekens (1737-1823), que foi famoso neoclássico da época, cópia que pode ser vista no Victoria and Albert Museum, em Londres. Com efeito, é cópia de uma famosíssima escultura antiga (provavelmente já uma cópia tardia), o chamado «grupo de Santo Ildefonso» que tradicionalmente representaria Antínoo e uma divindade (senão o próprio Adriano). Uma das figuras é sem dúvida, sobretudo a cabeça e a atitude

---

[1] O poema, que, se não é de Ronsard, pertence à sua época, foi atribuído a este poeta por Blanchemain, na sua edição de 1855 de obras inéditas. O final dele pode ser lido, mais acessivelmente, com o título de «La Mort d'Antinous», em *La Poésie Française et le Maniérisme*, textes choisis et présentés par Marcel Raymond, Paris, 1971, pp. 86-87. É de notar que o autor do poema não ignora nem esconde as relações entre Adriano e Antínoo.

[2] Cf. *Les Vingt Meilleures Nouvelles Françaises*, choix et préface par A. Bosquet, Paris, 1956.

[3] Note-se que Winckelmann forneceu a António Botto, via Fernando Pessoa, a célebre epígrafe das *Canções* sobre a supremacia da beleza masculina.

dela, reprodução de várias das cabeças conhecidas do favorito imperial. Desse «grupo» do Museu do Prado ocupa-se largamente Symonds, no seu ensaio sobre Antínoo, que já referimos anteriormente como uma das possíveis fontes directas de Fernando Pessoa [1]. Nas *Illusions Perdues*, cujos três volumes apareceram em 1837, 1839, 1843, Balzac descreve o seu protagonista Lucien de Rubempré em termos de ambiguidade sexual que vinham sendo aplicados a Antínoo, e, em *Les Secrets de la Princesse de Cadignan*, faz uma personagem referir-se a ele, nos seguintes termos: «Lucien était un Antinous et un grand poète». É interessante referir que o Larousse do Século XIX, no seu Tomo I, datado de 1866, no artigo Antínoo citava a descrição de Winckelmann, e dizia: «La beauté d'A. est devenue proverbiale, et ce nom a passé dans la langue pour désigner un homme d'une beauté accomplie», e abona-se de Théophile Gautier e Eugène Sue [2]. Mas, em Balzac, a alusão a propósito de Lucien ia carregada de muito mais que só beleza. E poucos anos antes, em 1859, num poema publicado na *Revue Contemporaine*, intitulado *Danse Macabre* [3], Baudelaire apostrofava:

....

Fiers mignons, malgré l'art des poudres et du rouge,
Vous sentez tous la mort! O squelettes musqués,

Antinoüs flétris, dandys à face glabre,
Cadavres vernissés, lovelaces chenus,
Le branle universel de la danse macabre
Vous entraîne en des lieux qui ne sont pas connus!

....

---

[1] Uma gravura desse grupo ilustra o vol. III dos *Sketches* de J. A. Symonds.

[2] É a conotação de tipo ideal de beleza masculina a que usa um autor tão discreto como Pérez Galdós, em *Los Cien Mil Hijos de San Luís* (*Episódios Nacionales*, II, 6, 1877, que citamos da ed. de Madrid, 1928, p. 159): «Alcalá Galiano era tan feo y tan eloquente como Mirabeau. Su figura, bien poco académica y su cara no semejante a la de Antínoo (...).»

[3] A sequência dos *Tableaux Parisiens*, de que este poema faz parte, não aparecia pois na 1.ª edição de *Les Fleurs du Mal*, em 1857. Foi incluída na 2.ª, de 1861.

Nesta apóstrofe insinua-se já certa conotação de vício que será corrente nas referências da época simbolista e esteticista. Assim é que Jean Lorrain, numa sequência de sonetos, «Les Ephèbes», do seu livro Le Sang des Dieux (1882), tem um sobre Antínoo (como sobre outros jovens de semelhante destino como Ganimedes, Hylas, etc.) em quem encontra a «testa estreita e os olhos largos» daquelas criaturas «passivas» amadas por «perversos deuses» [1]. Por esse mesmo tempo J. A. Symonds publicava fora do mercado uma breve plaqueta, *A Problem in Greek Ethics* (publicada em 1883 e reimpressa, também em reduzidíssima edição, em 1901), em que, tratando da inversão na Antiguidade, se refere a Antínoo com uma franqueza que não teve no seu ensaio

---

[1] Jean Lorrain, pseudónimo de Paul Duval (1855-1906), pertenceu à transição do parnasianismo para o simbolismo, na atmosfera do qual a sua obra se desenvolveu, sem prejuízo de o polemista iracundo que ele foi ter atacado muita da literatura simbolista ou outras das manifestações artísticas do mesmo período, como por exemplo os admiradores do *Pelléas*, de Debussy, que ele acoimou de «pelléastres». Foi um dos colaboradores da famosa *Revue Blanche*, fundada em 1891, e em que colaboraram o parnasiano Heredia, ao lado de Verlaine, Mallarmé, Barrès, e os jovens Marcel Proust e André Gide. Quando Proust reuniu em volume, *Les Plaisirs et les Jours*, em 1897, vários dos seus escritos juvenis, aliás publicados em grande parte naquela revista, Lorrain atacou-o com uma violência tal que Proust se bateu em duelo com ele. Jornalista, poeta, dramaturgo, ficcionista, Lorrain não é uma figura medíocre e, no seu estilo e na sua violência contundente, equivale ao nosso Fialho de Almeida. Sobre ele e Proust, e as relações de ambos com Robert de Montesquiou que serviu o modelo do monstruoso Charlus proustiano, veja-se o 1.º volume, *The Early Years*, de Proust, de George D. Painter, Boston, 1959, obra que é o mais actualizado e maior estudo biográfico-crítico sobre Proust. É curioso acentuar que o que fez Montesquiou aproximar-se de Lorrain (para logo se separarem) foi precisamente aquele soneto sobre Antínoo. O favorito de Adriano é mencionado por Lorrain no seu romance *M. de Phocas. Astarté*, de 1901, que foi um dos grandes êxitos do decadentismo. Acerca desse romance e de *A Confissão de Lúcio*, de Sá-Carneiro, veja-se o oportuno estudo de Pamela Bacarisse, «*A Confissão de Lúcio*: Decadentism après la lettre», em *Forum for Modern Languages Studies*, vol. X, n.º 2, Abril, 1974.

64

dos *Sketches*. Oscar Wilde (1854-1900) refere, no seu poema *The Sphynx*, Antínoo nos seguintes termos:

Sing to me of that odorous green eve when crouching by the marge
You heard from Adrian's gilded barge the laughter of Antinous

And lapped the stream and fed your drought and watched with hot and
[hungry stare
The ivory body of that rare young slave with his pomegranate mouth!

(Canta-me dessa tarde verde e odorosa em que, agachada na margem,
Ouviste na barca dourada de Adriano o riso de Antínoo

E lambeste as águas e saciaste a sede e viste com ardente e esfaimado olhar
O corpo de marfim desse raro jovem escravo com sua boca de romã!)

— trecho que, na sua ardência esteticista, antecipa muito da atmosfera do poema de Pessoa [1].

No seu *Contre Sainte-Beuve*, manuscrito que ficou inédito e, como *Jean Santeuil*, precede e anuncia em muitas páginas o colossal *À la Recherche du Temps Perdu*, Marcel Proust, escrevendo por 1908-10, evocava, no capítulo XIII — *La Race Maudite*, a figura de Antínoo: «Il se promenait pendant des heures seul sur la plage, s'asseyait sur les rochers et interrogeant la mer bleue d'un oeil mélancolique, déjà inquiet et insistant, se demandait si dans ce paysage de mer et de ciel d'un léger azur, le même

---

[1] Wilde refere Antínoo em *The Portrait of Dorian Gray*. Traduzimos: «O que a invenção da pintura a óleo foi para os Venezianos, a face de Antínoo foi para a escultura grega tardia, e a face de Dorian Gray será um dia para mim.» Numa carta de Wilde, escrita de Paris, em Janeiro de 1898 (cf. Rupert Croft-Cooke, *Bosie*, Lord Alfred Douglas, his friends and enemies, New York, 1963), Antínoo é mencionado. No seu ensaio ficcionalizado sobre a identidade do recipiendário dos sonetos de Shakespeare (tema que tem apaixonado, sem solução definitiva, a crítica britânica), *The Portrait of Mr. W. H.*, Wilde escreveu o seguinte, que particularmente nos importa: «His true tomb, as Shakespeare saw, was the poet's verse, his true monument the permanence of the drama. So it had been with others whose beauty had given a new creative impulse to their age. The ivory body of the Bithinyan slave rots in the green ooze of the Nile, and on the yellow hills of the Cerameicus is strewn the dust of the young Athenian; but Antinous lived

qui brillait déjà aux jours de Marathon et de Salamine, il
n'allait pas voir s'avancer sur une barque rapide et l'enlever avec
lui, l'Antinoüs dont il rêvait tout le jour, et la nuit à la fenêtre
de la petite villa, où le passant attardé l'apercevait au clair de
lume, regardant la nuit, et rentrant vite quand on l'avait aper-
çu» [1]. Nesta longa citação, Antínoo por certo aparece como um
sonho homossexual de beleza masculina, mas nada tem do carác-
ter «passivo» que Lorrain lhe atribuía.

É com este aspecto que Proust lhe dá, mas retornando à
imagística descendente de Winckelmann, que Antínoo aparece,
na época decadentista, na literatura portuguesa, com Abel Bote-
lho, em *O Barão de Lavos*, em 1891. Vale a pena citar o trecho
desta obra escrita em 1888-89, quando Pessoa nascia, pelo que
compendia sobre a iconografia do favorito de Adriano:

«Estátuas e quadros que figurassem a nu belos adolescentes,
estonteavam-no. Trouxe-o doente da mais cega paixão, dias segui-
dos, o célebre *Antinoüs* descoberto em Roma no século XVI, no
bairro *Esquilino*, que ocupa hoje no *belvedere* do Vaticano um
gabinete especial, e é das melhores obras da antiguidade que o
tempo nos poupou. Maior que o natural, deslumbrante na lisa
alvura do mármore, ele inclina a cabeça levemente e dealba no
sorriso uma expressão graciosa e fina, que faz um contraste ado-

in sculpture, and Charmides in philosophy» (*The Works*, ed. Collins, Lon-
don, 1948, p. 1108). Que se traduz: «O vero túmulo dele, como Shakespeare
viu, eram os versos do poeta, o seu vero monumento a permanência do
drama. Assim tem sido com outros cuja beleza deu um novo impulso criador
à sua época. O corpo de marfim do escravo bitínio apodrece na lama verde
do Nilo, e nos amarelos montes do Cerâmico está espalhado o pó do jovem
ateniense; mas Antínoo viveu na escultura, e Cármides» (jovem celebrado por
Platão) «na filosofia». É de acentuar-se que o problema da identidade de
Shakespeare, como se verifica da sua biblioteca inglesa, do mesmo modo que
as diversas questões shakespearianas, entre as quais ocupa, como acima apon-
támos, particular lugar a identidade do jovem W. H. a quem os sonetos
foram dedicados, interessou especialmente Fernando Pessoa.
[1] Marcel Proust, *Contre Sainte-Beuve*, Paris, 1954, p. 261.

rável com a vigorosa envergadura do arcaboiço. Misto inexpri-
mível de *morbidezza* e força, de energia e doçura, esta figura
preciosíssima realizava para Sebastião em êxtase uma tão per-
feita harmonia de conjunto, que ele ficou-a tomando sempre por
modelo das boas proporções da figura humana. Mas muitas outras
estátuas do favorito de Adriano impressionaram fortemente o
futuro barão de Lavos. Mesmo no Vaticano, mais duas ainda:
uma figurando-o de deus egípcio, o olhar hirto e parado, a curva
do *lotus* no sobrolho, o cabelo todo em anéis colados às fontes,
paralelos; outra singelamente coroada de gramas e nas mãos as
insígnias agrárias de Vertúmnio, fresca e robusta. Uma outra em
Roma, no Capitólio, trazida da antiga *villa* de Adriano em
Tivoli, representando o formoso escravo, que as águas do Nilo
sepultaram, com o rosto repassado de melancolia — como na ante-
visão do seu destino —, os olhos grandes e magistralmente dese-
nhados, a cabeça também inclinada ligeiramente, e em torno da
boca e da face uma perfeição de contorno ideal esvoaçando...
No Louvre, uma com os atributos de Hércules, da mais altiva ele-
gância; outra com os olhos de pedras finas e sobre as espáduas
um manto de bronze, largamente panejado; e uma terceira, sedu-
tora, com o largo chapéu, redondo e baixo, de Mercúrio, meia
túnica deixando descoberto um braço soberbamente modelado,
a perna cingida por botinas de coiro, a coxa inteiramente nua,
opulenta e suave» [1].

Por esta mesma época, nas suas *Cartas sem Moral Nenhuma*,
cuja 1.ª edição é de 1903, Teixeira Gomes, descrevendo «um forte
rapaz dos seus dezoito anos, muito elegante no trajo do chulo
que lhe realçava a ambígua plástica apolínea, escandalosamente»,
refere-se-lhe dizendo: «O Antínoo, porém, muito senhor de
si (...)» [2] — o-que aponta para que, nos anos dos fins do século xix
e primeiros do século xx, tanto em Portugal, como lá fora, An-

---

[1] Os itálicos são do original que citamos da 4.ª edição, Porto, 1920.
[2] Citado da 2.ª ed., Lisboa, 1912.

tínoo era uma referência literária de clara identificação [1]. Não só através da cultura clássica, mas desde o século XVI com a revalorização da sua iconografia, e em especial nos fins do século XVIII com o neoclassicismo, e a partir dos meados do século XIX, Antínoo era um motivo literário. O que ele não tinha sido, nas literaturas modernas, era o tema central de um longo poema escandaloso como o que Fernando Pessoa escreveu, do qual a crítica de *The Athenaeum*, em Janeiro de 1919, dizia: «A poem expressing the grief of Hadrian at the death of Antinous. The theme is often repellent, but certain passages have unquestionable power.'» [2]

Antínoo prolonga-se por 361 versos, e é assim um dos mais extensos e ambiciosos poemas que Fernando Pessoa escreveu. Os versos estão agrupados em estâncias de variável número de versos que rimam por esquemas irregulares, e que são, na sua maioria, pentâmetros. A linguagem do poema, sem deixar de ser algo afectada, é mais fluente que a dos *35 Sonetos* com os seus artifícios estilísticos para obtenção de uma densidade expressiva, ou que a de *Epitalâmio*, em que entre o pretensiosismo formal e a grosseria vulgar não há equilíbrio da expressão. Possui o

---

[1] Não pretendemos, neste escorço, esgotar todas as referências literárias a Antínoo, mas tão-só ilustrar a sua presença em certos momentos, um dos quais é o próprio ambiente do «fim do século», em que Fernando Pessoa se formou. Na literatura portuguesa contemporânea, poetas como Sophia de Mello Breyner e o autor deste prefácio, por confluência de cultura clássica, do poema de Pessoa, e do livro de M. Yourcenar, têm referências a Antínoo. Uma curiosa descrição do favorito de Adriano (que lhe atribui como que um sentimento de pecado, que nem Antínoo nem os escultores pagãos podiam sentir) encontra-se em Urbano Tavares Rodrigues, *Jornadas na Europa*, Lisboa, 1958.

[2] «Um poema exprimindo a dor de Adriano pela morte de Antínoo. O tema é muitas vezes repelente, mas certas passagens têm uma força indiscutível.» Tirando o facto de o articulista chamar tema ao que é desenvolvimento dele, a frase descreve muito bem o que poderia ter sido a reacção, ainda vitoriana nos anos 20, de um leitor britânico preso entre o chocante de vários passos e a beleza de muitos desses ou de outros.

poema uma unidade de tom, para a narrativa, que, nos sonetos, existe só ao nível de uma continuada complicação verbal. Mas, a comparar com a poesia que, em português, Fernando Pessoa estava escrevendo pela mesma época [1], não é o que diríamos um poema «moderno», mas antes um poema «datado» do *Fin de Siècle*. Pela temática, enquadra-se no esteticismo britânico, ainda que conserve na dicção muito da poesia romântica inglesa que havia sido uma das grandes influências que Pessoa sempre declarou para a sua juventude [2].

Diversamente do *Epitalâmio*, que é composto de diversos números sucessivos, *Antínoo* procura ter uma unidade interna que se apoia na recorrência do motivo da *chuva*, a qual se supõe

[1] Em 1914, haviam «nascido» Alberto Caeiro e Álvaro de Campos, que ambos afinavam pelas audácias modernistas, e também Ricardo Reis, cujo neoclassicismo se pode considerar, pelo rigor que transcende toda a tradição romântico-sentimental, uma experiência de vanguarda. Em 1915, é o ano da publicação de *Orpheu*, em que Campos lança a sua ampla *Ode Marítima* e a tonitroante *Ode Triunfal*; e é desse mesmo ano a *Saudação a Walt Wihtman* do mesmo «autor». Há de 1915, poemas de Caeiro e odes de Ricardo Reis. Os heterónimos, e em especial Álvaro de Campos, estavam muito activos nesse ano. Quanto ao Pessoa-ele-mesmo, se publicava a *Chuva Oblíqua* em *Orpheu*, tinha neste poema ainda muito da afectação esteticista que ainda é peculiar aos poemas que publicou em 1917, em *Portugal Futurista*, e que não deixa de haver nos sonetos *Passos da Cruz* que deu para o *Centauro* de 1916. Pelos volumes publicados, e por outras referências (cf. Jorge Nemésio, *A Obra Poética de Fernando Pessoa*, Salvador, 1958), verifica-se que o Pessoa ortónimo estava mais ocupado com a sua poesia em inglês, mas que, tanto em português como em inglês, se libertara menos do que os seus heterónimos. O que é curioso ponto a acrescentar à génese deles. Dir-se-ia que eles, em parte, resultaram da extrema dificuldade que o Pessoa ele-mesmo teve em soltar-se da suas peias romântico-esteticistas; e, na verdade, com o que de interessante haja em poesia ortónima que seja anterior a 1917-1920, é só por esta última data que o ortónimo atinge a sua personalidade que conservará até ao fim da vida do poeta que era eles todos. Naquela libertação já vimos que papel, em psicologia profunda, o *Antínoo* desempenhou.

[2] Vejam-se as leituras de Pessoa, em Apêndice de *Cartas a Armando Córtes-Rodrigues*, ed. Joel Serrão, Lisboa, 1945 (?), tal como ele as comunicou ao amigo.

estar a cair lá fora durante o tempo da narrativa [1]. Este motivo aparece logo no isolado verso 1.º, em que, antes de Antínoo, é Adriano quem surge. E o ser dito que a chuva lá fora é frio na alma de Adriano transfere o motivo unificador para o espírito do imperador, o que é exacto em relação ao ulterior desenvolvimento da narrativa, e em relação à História, visto que Antínoo, quer como ser vivo, quer como ente divinizado depois da morte, existiu em função de Adriano. A recorrência do motivo da chuva (versos 48, 171, 342) coincide com o início das sucessivas secções do poema, que se dirigem para o largo discurso do imperador, que tem início no v. 179 e dura até v. 341, e em que a transfiguração de Antínoo se processa. Esta transfiguração, desde as saudades da carne que desesperam o imperador ante o cadáver do favorito [2], até à apoteose desse amor na divinização de Antínoo. é o fito central a que é levado o tema do poema.

Epitáfios

Ao tornar a publicar *Antinous,* em versão revista, Pessoa acrescentou-lhe, como que a contrabalançar o que o poema tinha de escandaloso, e sublinhando o que ele queria que ele representasse de «grego» ou pelo menos de «clássico», as catorze *Inscriptions,* datadas de 1920, cinco anos depois da data da 1.ª versão. Dir-se-ia que, paralelamente com a revisão do poema, que entretanto estaria fazendo, Pessoa sentira a necessidade de o equili-

---

[1] Este recurso a uma recorrência, para manter a unidade de um poema longo, e fazer a transição de umas partes para as outras, empregou-o Pessoa noutros poemas: é o que Álvaro de Campos faz com o «volante», na *Ode Marítima.*

[2] Não deixemos de sublinhar um curioso pormenor do poema de Pessoa. quando no v. 130 menciona o «cabelo de oiro» de Antínoo, traindo uma concepção anglo-saxónica da beleza masculina, já que o bitínio por certo que não seria louro.

brar com imitações directas da *Antologia Grega* [1]. Todos os catorze poemas são directa ou indirectamente «inscrições tumulares falantes», isto é, seguem o antiquíssimo modelo de um morto real ou imaginado (porque já a poesia grega cultivou imaginosamente o «epitáfio» [2]) se dirigir a quem lê a inscrição. Note-se que o cultivo desta forma podia incluir o epitáfio concebido para divulgação literária, de herói ou heróis famosos, ou

[1] No século IX, em Constantinopla, Constantino Céfalas organizou uma antologia de breves poemas da antiguidade e da tradição helénicas. Essa antologia, revista e ampliada em 980, é a *Antologia Palatina* (do «Codex Palatinus», descoberto em 1606, que a contém), composta por c. 3700 epigramas, num total de 22 000 versos. Máximo Planúdio (1260-1310), outro bizantino, editou uma nova antologia — a *Planúdia* — que corresponde à de Céfalas e à Palatina. Vulgarmente, chama-se «Antologia Grega» ao corpo total de epigramas destas colecções, que incluem muitos textos das épocas romana e bizantina.

[2] Originariamente, na Grécia, *epitáfio* não era um epigrama funerário ou inscrição tumular, mas uma oração fúnebre proferida cerimonialmente em honra dos mortos em combate, nos seus funerais oficiais, segundo o *Oxford Classical Dictionary*. Quanto à civilização romana, as inscrições funerárias constituem a massa mais importante das inscrições latinas que chegaram até nós. Mas, a princípio, não se lia nos monumentos funerários mais que o nome do defunto, a que mais tarde começaram a ser acrescentados alguns dados biográficos como a idade e a profissão. Só depois, talvez cerca de 300 a. C., é que as famílias ilustres, que dominavam a sociedade romana, introduziram o costume de o nome ser seguido de um breve *elogio* em verso. O *epicédio* não deve ser confundido com este elogio, do qual se desenvolveu o epigrama literário por influência grega. O epicédio era um poema ou secção de um poema, em honra de um morto. Cultivado pelos alexandrinos, passou a Roma na Idade de Ouro da literatura latina, e há-os em Catulo, Virgílio, Horácio, Ovídio, Propércio, etc. O epigrama era, na tradição greco-latina, qualquer poema curto, de estrutura concisa (assim, por muito tempo, nas épocas modernas, o soneto era classificado entre os «epigramas»). No século XVI português António Ferreira e Andrade Caminha compuseram epitáfios usando para isso a estância chamada oitava. O próprio Fernando Pessoa, em muitos dos poemas que são «epigramas» da sua *Mensagem* (nem todos o são), usou do tom e do espírito do «epitáfio» em louvor de heróis, v. g. o epitáfio de Bartolomeu Dias. Recordemos ainda o belíssimo epitáfio de Antero de Quental por João de Deus, e os epitáfios satíricos de Gomes Leal, em *O Fim de um Mundo* (1899).

71

simplesmente de um qualquer exemplo típico da vida humana, como pretexto poético-moralizante, ou para permitir ao poeta expor a sua filosofia da vida e da morte. No mesmo número da *Athena* (n.º 2, Novembro de 1924) em que publicava os «últimos poemas» de Sá-Carneiro, precedidos do breve ensaio a cuja importância já nos referimos em nota, publicava Pessoa oito traduções, sob a epígrafe de *Da Antologia Grega*, de epigramas funerários extraídos da famosa colecção bizantina. Tinha ele, na sua biblioteca (cf. M. da Encarnação Monteiro, *ob. cit.*, p. 95) os cinco volumes da edição da *Antologia Grega*, com traduções inglesas, por W. R. Paton, que haviam aparecido em Londres entre 1916 e 1918. É de crer que Pessoa terá adquirido a obra por 1918-1920. No 2.º volume, que contém os «epigramas funerários», há várias «chamadas e tentativas de tradução» (segundo M. E. M., *loc. cit.*), e nele figuram os poemas cujas traduções não-assinadas Pessoa fez imprimir na sua revista, em 1924. É de crer que a aquisição da obra, não só por natural curiosidade do poeta que via aquela magna colecção acessível, mas também para aprimorar na «fonte» o classicismo do seu Ricardo Reis, tenha despertado o gosto tradutório de Pessoa (que foi grande), e o tenha levado a tentar a imitação por conta própria, no fazer do que seguia a concepção literária de imitação dos clássicos, em que Reis, por natureza e educação (em relação a Horácio), se inseria... [1].

A poesia greco-latina, como é sabido, não era rimada: mas, a partir do Renascimento, ao traduzi-la ou imitá-la, os poetas tendiam a rimar! E é o que faz Pessoa nas suas catorze composições.

---

[1] Não cremos necessário dizer, com M. da E. Monteiro (*ob. cit.*, p. 37), que as poucas traduções da «Antologia Grega» publicadas por Pessoa devam, por algumas características sintácticas, atribuir-se a Ricardo Reis, e não ao Pessoa ortónimo. Este, ao publicá-las, não as assinou. Mas também as *Inscriptions* inglesas praticam, por analogia com os estilos clássicos, algumas inversões e hipérbatos, e Pessoa publicou-as como suas. As traduções são antes exercícios do escritor «inglês» que compunha as *Inscriptions* e que tinha Ricardo Reis «em casa»...

Nas que são quartetos, a rima é cruzada em todas, à excepção da V, em que é emparelhada; nas de seis versos, a rima é também emparelhada, menos na XIII, em que obedece ao esquema *aab ccb*.

A série dos catorze poemas não é propriamente uma simples colectânea de epitáfios dispersos, mas uma sequência coordenada em suas partes. Efectivamente individuais são nove: o II, de uma donzela; o III, de um varão mais patrício à romana que cidadão à grega; o IV, de um lavrador; o V, de um conquistador; o VI, de uma esposa fiel; o VII, de um contemplativo, mais de raiz metafísica e religiosa que o protagonista do III, e que, também à romana, é antes um moralista; o VIII, de uma criança; o XI, de um soldado e patriota; o XIV e último, o de quem manda gravar epitáfios, ou, alegoricamente para o conjunto, do poeta. De certo modo colectivos, mas em sentido muito especial, são ainda os IX e X, que consagram, numa transposição retórica bem comum, respectivamente, os habitantes genéricos de um aglomerado urbano e um par de amantes; e o XII, que se refere, em termos de classicismo tradicional, aos habitantes piedosos mas não dedicados à contemplação filosófica. Só a primeira inscrição e a XIII não são propriamente epitáfios: aquela serve de introdução ao conjunto, esta diz da morte das obras, como a seguinte e final diz da extinção do autor. Os temas e tipos de pessoas escolhidos, a própria linguagem que lhes é atribuída, tudo releva de uma actualização elegante do «epitáfio» clássico, de que centenas podia ter Pessoa visto na edição de Paton, que possuía. Ordenou-os, porém, de uma forma gradual e equilibrada, partindo de um poema genérico sobre a morte, para concluir com poemas sobre a morte das obras humanas e de quem as faz. Não concordamos com M. E. M. (*ob. cit.*, p. 39), quando diz que, nos epitáfios, se vai «gradualmente introduzindo, sobretudo a partir da sétima inscrição, um matiz estranho ao seu carácter propositadamente clássico». E, pelos comentários subsequentes, quer referir-se à dialéctica do sonho e da realidade em torno do problema do conhecimento da personalidade cognoscente, que é um dos temas básicos de Fernando Pessoa e que este tão largamente usou nos seus sonetos ingleses, por isso um repositório do que seria o seu pensamento poético. O tema da Vida como Sonho é logo apresentado no primeiro verso do primeiro dos «epitáfios», o introdutório. E é perfeitamente natural que esse tema, aliás recorrente mais ou menos ao de leve em todos os epitáfios, surja pujante, na sua conexão com a *validade* da expressão artística, precisamente no n.º XIII, que trata da sobrevivência de uma obra humana. De resto, a Vida como Sonho, tema muitas vezes suposto característico do Barroco europeu, e mais especificamente, via Calderon, do espanhol do Século de Ouro, está muito longe de ser alheio à atmosfera das literaturas da antiguidade clássica, e é pelo contrário um tema fundamental na encruzilhada de estoicismo e de epicurismo em que se situa a parte confinante com Platão do pensamento classicizante de Fernando Pessoa. Mas a verdade é que, muito antes desses contraditórios filósofos todos (empiristas, idealistas, etc.), já c. 500 a. C. o poeta Píndaro exclamara: «O Homem vive um dia. Que é ele? O que não é? Uma sombra num sonho é o Homem» [1].

Epitalâmio

O epitalâmio, na sua origem grega, era estritamente uma canção cantada por jovens (rapazes e donzelas) ante a câmara nupcial, segundo explica Dionísio de Halicarnasso, na sua *Retórica*, alguns anos antes da Era Cristã. Mas tornara-se, já muito antes, na literatura grega, uma forma artística cultivada, por exemplo, por Safo ou Teócrito. Os gregos não o confundiam, como mais tarde artisticamente o veio a ser, com *himenaios*, que

---

[1] Usámos, para esta secção, em grande parte, o nosso artigo *«Inscriptions, de Fernando Pessoa»*, publicado no suplemento literário de *O Comércio do Porto*, de 9 de Setembro de 1958, e que apresentava as traduções dos catorze poemas, que agora se publicam nesta edição.

era o cântico processional que acompanhava a casa os recém-
-casados e que é descrito já em Hesíodo e na *Ilíada* de Homero.
Os latinos tomaram para si o epitalâmio literário, e deles cerca
de dezassete chegaram até nós, sendo os mais antigos e melhores
os de Catulo. Mas eles tinham, oriunda da Etrúria e do Lácio,
uma velha tradição: a das festas «fesceninas». Estes festivais
rurais, correspondentes às colheitas, incluíam a aparição de ado-
lescentes (homens apenas), com máscaras ou as caras pintadas,
cantando versos obscenos. O costume verificava-se também nas
festas matrimoniais, e, gradualmente, na civilização romana, os
versos fesceninos passaram a corresponder ao que os gregos cha-
mavam *himenaios,* ou cântico processional, como uma tradição
— que a Europa cristã e rural longamente conservou e ainda
conserva — de acompanhar os noivos à câmara nupcial com chu-
fas e piadas indecentes. O epitalâmio literário, que reaparece no
Renascimento, nunca se esqueceu desta dupla origem, e, con-
forme as circunstâncias a celebrar ou a inspiração dos poetas,
tendeu a esconder o erotismo sob uma retórica cerimonial, ou a
dar largas a uma imaginação «fescenina» — e é o que Fernando
Pessoa fez no seu *Epitalâmio,* já que são menos o famosís-
simo epitalâmio de Edmund Spenser ou os de Sá de Miranda
e de António Ferreira que ele toma para modelo distante, do
que aquela última e obscena alternativa [1].

As vinte e uma secções do poema de Pessoa, que descrevem
sucessivos aspectos de um matrimónio (as referências ao casa-

---

[1] É de notar que os hebraizantes consideram «epitalâmicos» o Salmo 44
e o Cântico dos Cânticos. Além dos nomes citados, o século XVI e seguintes
apresentam outros grandes nomes como autores de epitalâmios: os franceses
Ronsard e Malherbe (1558-1628), os ingleses John Donne (1572-1631), poeta
«metafísico» por excelência, Ben Jonson (1572-1637), e os italianos Marino
(1569-1637) que foi o Góngora da Itália, e Metastásio (1698-1782). Spenser
celebrou as suas próprias bodas no que veio a ser um dos mais famosos poe-
mas da língua inglesa, publicado em 1595, e as bodas de outrem no *Prota-
lâmio,* publicado em 1596, e tão célebre como aquele. Dir-se-ia que Pessoa,
ao compor o seu poema, tinha em mente o fazer o oposto da compostura,
solenidade e doçura elegante que Spenser pôs nos seus.

mento religioso, que é incluído, são mínimas) desde o despertar matutino da noiva no dia marcado, até à consumação do acto sexual, concentram-se sobretudo, e muito curiosamente, mais na noiva temerosa do desfloramento, e no delírio que se apossa da festa, do que no ponto de vista do noivo. Em que medida isto se relaciona com o sado-masoquismo que, na *Ode Marítima*, Álvaro de Campos tão abertamente evoca, juntamente com uma explosão de promiscuidade sexual? Por certo, e como já tivemos ocasião de apontar, Pessoa queria purgar-se (e o fez com este poema e depois com *Antínoo*) das obsessões que o perseguiam. O que não se vê, a não ser este desejo de libertar-se, é como ele podia imaginar que este poema pudesse, e para mais numa Inglaterra fortemente puritana ao tempo, contribuir de algum modo para um renome seu britânico. Porque o poema, se tem um ou outro passo de interesse, é nitidamente inferior à sua restante produção em inglês. Os versos, em que as medidas são de alternância maior do que sucede em *Antínoo*, e que usa de variada rima semelhantemente, não conseguem equilibrar certo artificialismo esteticista da dicção com a procurada grosseria de algumas sugestões, e muito menos com o tom de paroxismo erótico, constantemente inflado, que é o seu, diríamos que masturbatoriamente. Quase mais diríamos: é como que um esforço mental de Pessoa para libertar-se de uma obsessão que não era exactamente sua, mas as convenções o forçavam a sentir. Muito diversos de *Antínoo* e deste poema de 1913 são os *35 Sonnets*, que são datáveis desse ano e foram publicados por Pessoa, em 1918. Note-se que a libertação das obsessões sexuais e o resultado inglês de estar «livre» não fizeram que, em 1918, ele publicasse também o *Epitalâmio*, mas sim a primeira versão do *Antínoo*, que ele, em 1921, diria ter sido «um primeiro e muito imperfeito esboço».

76

A sua sequência de sonetos ingleses, publicou-a Fernando Pessoa pela primeira e única vez, num folheto autónomo, em 1918. Mas tinham sido escritos alguns anos antes, muito provavelmente por 1913. Com efeito, nos apontamentos biográficos que Pessoa preparou e comunicou a Côrtes-Rodrigues, a pedido deste, em 1914 (cf. *Cartas a A. C. R.*, p. 90), ao referir que, entre 1908 e 1914, havia escrito poesia em português, inglês e francês, Pessoa diz: «Nunca deixou de fazer o que "quis". Quando morava na rua da Glória, achou nos sonetos de Shakespeare uma complexidade que quis reproduzir numa adaptação moderna sem perda de originalidade e imposição de individualidade aos sonetos. Passados tempos realizou-os.» Como, por outro lado, ele morou naquela rua por 1912-13 (cf. J. G. S., *Vida e Obra de Fernando Pessoa*, Lisboa, s/d., vol. I, p. 304), é muito de supor que a época de composição dos sonetos seja a mesma da de *Epitalâmio*.

A citação acima patenteia aquela superafirmação de si mesmo e dos seus poderes, que, com ironia ou sem ela, em ensaios ou cartas pessoais, caracteriza Pessoa. Mas a verdade é que, daquela complexidade que ele vira nos sonetos de Shakespeare, não ficou nos sonetos dele senão a complexidade, além de alguns temas que serão os da sua obra sobretudo ortónima... M. da E. Monteiro (*ob. cit.*, p. 29) anotou finamente a diferença (independentemente da de qualidade que separa as duas sequências). Comentando o que as críticas do *Times* e do *Glasgow Herald* haviam dito, ao referirem-se aos «shakespearianismos ultra--shakespearianos» e a *Tudor tricks* nos sonetos, diz ela: «se é certo que em quase todos os sonetos surgem os fenómenos apontados pelo crítico: aliterações, jogos de palavras, contradições, manejo sábio e experimentado da língua para dela extrair todas as virtualidades da expressão, a verdade é que aquilo que em Shakespeare e em certo sector da poesia isabelina, nomeadamente os "court wits", é instrumento de expressar, por meio de argúcias de pensamento, as complexidades do sentir, reveste-se no poeta português de diverso significado, dado que abandona a esfera do sentimento ou parte da sensação para penetrar e se expandir largamente no mundo das ideias.» Poderia ter acrescentado, ainda, que, quanto a domínio da língua, se trata de um total artificialismo da expressão que faz estremecer mesmo os mais generosos leitores de língua inglesa, e os mais adeptos de complexidades metafísicas. Não é tanto um domínio que conduza a um superior equilíbrio entre os jogos de palavras e a fluência expressiva, mas um domínio que se confina a complicar pela complicação, transformando a poesia num exercício literário. Que o interesse dos sonetos nos não iluda a este respeito, ainda quando se deva ter em conta que a ressurreição crítica dos poetas dos fins do século XVI e do século XVII, apodados de «metafísicos», é, na Inglaterra, um facto dos anos 20 sobretudo, e que uma crítica não necessariamente aberta a experimentalismos não podia, em 1918, aceitar tais delírios formais, além de a imitação ser esteticamente «inútil».

Tal como foram publicados por Pessoa, os 35 *Sonetos* constituem um ciclo, com um de abertura e outro de fecho, cujos poemas são unidos menos por uma sequência lógica de desenvolvimento do pensar poético, que por diversas recorrências de temas, e pela semelhança estilística de uma sintaxe «metafísica». A forma deles é a do soneto shakespeariano, com o esquema de rimas ABAB CDCD EFEF GG [1]. Um dos temas unificadores é a insistência do poeta no que veio a ser um dos seus principais como autor ortónimo: a dialéctica do sonho e da realidade, ou

---

[1] Esta forma de «soneto inglês» parece ter aparecido, pela primeira vez, na *Tottel's Miscellany*, que se publicou em 1557, antes de Shakespeare nascer. Mas ficou consagrada, como «shakespeariana», quando ele a usou na sequência de sonetos (154), que, conhecidos (ou, que se saiba, referidos) desde 1598, foram primeiro publicados com grande êxito em 1609. É de notar que uma ou outra vez Pessoa, nos seus, usou de rimas imperfeitas ou toantes (*grasp — mask*, por exemplo). Vejam-se as *Variantes* aos sonetos, a este respeito.

do pensar e do ver (interior e exterior), ou do pensamento e da acção que o pensamento paralisa. Outro tem directas ligações com a razão pela qual ele criou os heterónimos e se criou ele próprio heterónimo de si mesmo: é a convicção de que toda a comunicação é impossível entre nós mesmos, e que, se escrevermos do conhecer, seremos «conhecidos» pelo que escrevemos e não pelo que somos, o que está como que a uma infinita impossível distância. É fácil observar como este tema, variamente desenvolvido nos sonetos, precede a racionalização psicológica que projectou os heterónimos. Com efeito, se não podemos ser conhecidos em e por nós mesmos, criemo-nos uma ou mais projecções (como Álvaro de Campos postulava no seu *Ultimatum*) que, por serem objectos virtuais da vida, negam, e na negação reafirmam essa impossibilidade de ser-se por escrito (ou na voz da consciência), do mesmo passo que a superam. Como este engano pode funcionar, iludindo a angústia da impossibilidade de conhecimento, é o que diz o soneto X, por exemplo, que ecoará na última estrofe da famosa *Autopsicografia*. E sem dúvida muito importante, apesar das circunvoluções dos jogos de palavras, é o soneto VIII, com a sua doutrina das máscaras que se negam a si mesmas e podem permitir a expressão de uma realidade transposta, porque tudo é máscara de máscara cobrindo um vazio [1]. Este vazio do ser e da realidade do mundo, a que nem o amor escapa, enche a atmosfera destes sonetos, como um intelectualismo exorcismando os seus próprios espectros. Mas, se às vezes, em raros momentos, para lá de uma conseguida elegância, os

---

[1] W. B. Yeats (1865-1939), que evoluiu do simbolismo esteticista e do nacionalismo literário, e, irlandês, é talvez o maior poeta da língua inglesa neste século, desenvolveu uma doutrina das «máscaras», equivalente à dos heterónimos de Pessoa, sem que, todavia, tenha jamais criado «heterónimos». Veja-se, a tal respeito, *Yeats, the Man and the Masks*, de Richard Ellmann, New York, 1948, estudo clássico sobre aquele poeta. Pessoa, através de Álvaro de Campos, atacou-o no seu *Ultimatum*, referindo-se sobretudo ao celtismo que era das primeiras fases de Yeats, antes da sua reconversão ao modernismo.

sonetos atingem uma emotiva expressão, como sucede no X, o nível geral deles todos fica aquém da autêntica expressão poética, no plano de uma imitação que não imita senão as exterioridades dos jogos formais menos de Shakespeare que dos seus contemporâneos e sucessores. O grande poeta que Pessoa foi está ausente deles: só a sua imagem radiografada, que será temática do Pessoa ortónimo, neles sobrevive. E é isto que, além de serem dele, dá valor e interesse a estes exercícios de virtuosismo e de obsessão com a realidade que o poeta se recusa a aceitar como mais que uma sombra platónica de uma outra realidade que possivelmente não existe. Se os sonetos são de 1913, a transformação do jogo heteronímico (a que se dera desde a infância) em heterónimos maiores de idade, que iam surgir como Minerva da cabeça do Júpiter que ele era, essa transformação estava iminente.

Como já referimos anteriormente, há no espólio de Fernando Pessoa dois exemplares dos 35 Sonnets, com emendas. Um deles está em quase todas as páginas, e no interior das capas, inteiramente coberto de notas escritas a lápis, quase ilegíveis. E em dois lugares, a toda a largura da folha, está escrito «copiado». E na verdade o resultado final está no outro, aonde emendas foram cuidadosamente feitas, como se se tratasse de provas revistas — nitidamente um exemplar preparado para servir de base a uma reedição que não chegou a efectivar-se. Quase todas as emendas finais as conseguimos ler no microfilme de que pudemos dispor, e vão indicadas em Variantes aos sonetos. Junto da palavra copiado, num dos lugares em que esta declaração aparece, do exemplar-rascunho, há uma data: 6/11/20. O que significa que Pessoa terá feito a passagem das emendas ao exemplar corrigido, naquela ocasião, isto é, pela mesma ocasião em que terá preparado a edição dos English Poems — I - II - III, que saíram em 1921. Que razão o terá levado a não reeditar afinal os sonetos que poderiam ter saído, juntos com os outros poemas, na mesma oportunidade? Como também já vimos, ele chegou a projectar a publicação de 50 sonetos, e não dos 35. E, naquele exemplar-rascunho, no fim de todas as emendas, há na contracapa, uma anotação que diz *Other Sonnets*, seguida (muito ilegível) de uma lista de *oito* primeiros versos. Seriam projecto de sonetos ou existirão no espólio? Aqui deixamos a pergunta. Mas o caso é que, no exemplar limpamente corrigido, não há qualquer menção de sonetos a serem intercalados entre os 35, e muito menos depois do último (que aliás é «último» de uma série, não fazendo sentido que outros fossem incluídos depois dele). Por outro lado, é curioso notar que, de tão vasta anotação de hipóteses de alterações, correcções, etc., que aparecem no exemplar-rascunho, o que passou ao exemplar corrigido é realmente muito pouco. Com efeito, os sonetos II, III, IV, VI, X, XIII, XV, XVI, XVII, XX, XXII, XXIII, XXIV, XXV, XXVI, XXVIII, XXXIV e XXXV ficaram totalmente intocados, constituindo sensivelmente metade da sequência. E as emendas que os restantes 17 recebem são mínimas, a comparar com o muito que teria incidido nas dúvidas de Pessoa. Assim, parece que Pessoa não perdera a fé nestes sonetos seus, e apenas terá adiado — quiçá para escrever ou aperfeiçoar mais quinze sonetos — uma publicação de que depois se desinteressou. Quem tinha publicado dois folhetos podia muito bem publicar três, sem arruinar-se. E que ele um pouco mais tarde ainda não desistira de se apresentar como poeta em inglês, é comprovado pelo facto de ter dado para publicação em *Contemporânea*, n.º 9, de Março de 1923, o poema *Spell* (que, por ser em inglês, era ininteligível, praticamente, em Portugal, naquele tempo). Provavelmente ele sentia que, se a sua poesia inglesa não lhe abria as portas da Inglaterra, sempre podia contribuir para o ar exótico que ele gostava de, com muito calculada simplicidade, assumir; e sentia também que o reconhecimento do seu génio como poeta em português vinha despontando, do mesmo passo impondo-se a ele mesmo. De qualquer modo, os «35 Sonetos» corrigidos ficaram por reeditar.

Dispersos

Além dos poemas ingleses que tratou de editar em 1918 e 1921, num total de cerca de 1400 versos — o que não é pequena produção —, Pessoa só publicou mais dois breves poemas em inglês: *Meantime*, que apareceu em *The Athenaeum*, de Londres, de 30 de Janeiro de 1920, e *Spell*, que saiu na *Contemporânea* n.º 9, referente a Março de 1923. É fácil de verificar que a publicação do primeiro, após a aparição de *35 Sonnets* e da primeira versão de *Antinous*, coincide com a preparação, para publicação, dos *English Poems — I-II-III*. Quase se poderia dizer que Pessoa, de certo modo não inteiramente desencorajado pela crítica britânica feita às suas primícias, e animado pela aceitação daquele seu poema por um periódico que era dos mais prestigiosos da vida cultural inglesa ao tempo, tenta novamente a sua saída para o largo mundo de além da língua portuguesa que o seu semi--heterónimo Bernardo Soares, o do *Livro do Desassossego*, diria que era a sua pátria (dele Bernardo e de Pessoa enquanto tal). Nem um nem outro destes dois poemas acrescenta nada à glória ou ao nosso conhecimento de Pessoa, mas merecem algum comentário que vai feito nas notas.

Apenas por curiosidade, já que esta edição se limita aos poemas em inglês que o próprio Pessoa publicou, a esses dois dispersos acrescentamos três poemas juvenis que correm o risco de ficar esquecidos lá onde primeiro foram revelados: «*Separated from thee...*», de 1901, primeiro publicado na edição Aguilar da *Obra Poética*, por Maria Aliete Galhoz, e dois outros, provavelmente de 1907, inseridos por J. Gaspar Simões na sua biografia crítica do poeta. Deles nos ocupamos nas notas [1].

---

[1] Na 1.ª edição, Rio de Janeiro, 1960, da *Obra Poética*, M. A. Galhoz não só publicava aquele poema, como um outro, *Anamnesis* (pp. 680-81), com a anotação (p. 786) de que pertence ao volume inédito de poemas ingleses, *The Mad Fiddler*. Nunca havíamos compulsado esse volume, nem conseguimos sobre ele obter informações directas. De qualquer modo, a poesia

Sobre as traduções

Os poemas ingleses de Fernando Pessoa recolhidos a esta edição das suas Obras Completas somam cerca de 1400 versos. As traduções de *Antinoo* (361 versos), de *Epitalâmio* (377 versos), de *Inscriptions* (62 versos), e de vinte do *35 Sonnets,* bem como dos «dispersos» (86 versos), são da exclusiva responsabilidade do organizador desta edição. Para seis dos sonetos partilhou a responsabilidade com Adolfo Casais Monteiro, e este poeta traduziu à sua conta mais oito. Um soneto, o primeiro da série, foi traduzido por José Blanc de Portugal.

Registe-se que as traduções de catorze dos sonetos não estão inéditas desde 1954, quando foram publicadas no hoje raro folheto *Alguns dos «35 Sonetos» de Fernando Pessoa,* Tradução de Adolfo Casais Monteiro e Jorge de Sena acompanhada do texto original inglês, Clube de Poesia de São Paulo. As traduções dos restantes vinte e um sonetos também não estão inéditas, ainda que, como as anteriores, praticamente o estejam em Portugal: foram publicadas em *Alfa,* n.º 10, Setembro de 1966 (revista da Faculdade de Filosofia, Ciências e Letras de Marília, São Paulo, à qual haviam sido remetidas em 1965): «21 dos *35 Sonnets.* Apresentação em português», por Jorge de Sena [1]. Este organizador da presente edição, como já foi dito antes, publicara, em 9 de Setembro de 1958, no *Comércio do Porto,* as suas traduções de *Inscriptions.*

Quanto às traduções, diversos ainda que afins critérios foram usados conforme os vários poemas.

Para *Antinoo* traduziram-se ora por decassílabos ora por alexandrinos (neste caso, para ganhar na extensão silábica o conve-

---

inglesa «inédita» (e dela em artigos a crítica se tem ocupado, por tê-los tido acessíveis) não nos diz respeito na presente edição que é do que Fernando Pessoa publicou.

[1] Na publicação de 1954, foram apresentadas as traduções dos sonetos II, III, V, X, XI, XIII, XIV, XV, XVII, XXVII, XXVIII, XXIX, XXXI e XXXV. Na publicação de 1966, os restantes.

niente a abarcar o desdobramento do monossilabismo e da sintaxe ingleses) os pentâmetros do original, e abandonou-se a rima para permitir maior flexibilidade à tradução.

Para *Inscriptions*, usou-se de uma tradução que, verso a verso, é tão literal quanto possível, ainda que respeitando o tom epigráfico dos originais. Mas não se procurou, a não ser ocasionalmente, uma exacta correspondência métrica. Preferiu-se pois um relativo versilibrismo. Pessoa, ao traduzir para português os «epitáfios» e epigramas da «Antologia Grega», usara de verso semilivre (na verdade, a maioria dos seus versos nessas traduções são tentativas de escrever hexâmetros da tradição clássica em português moderno). Não fazer aproximadamente o mesmo que ele fizera, e, pelo contrário, dar às traduções o tom e o estilo de odes de Ricardo Reis, seria propor ao leitor português uma ideia errada de um formalismo neoclássico que, nos poemas, não vai além de alguns lugares-comuns da tradição clássica.

Para *Epitalâmio*, é importante acentuar que se adoptou uma orientação experimental, com curiosos resultados. Começou-se por procurar certa equivalência rítmica e a manutenção do esquema de rimas, para gradualmente abandonar este último e propor uma tradução quase literal, verso a verso. Deste modo, e com um poema em que não há grandes belezas ou originalidades a salvar, obteve-se o que não poderá por certo escapar ao leitor avisado: *o desdobramento dos artificialismos literários em inglês torna-se, na tradução portuguesa, um estilo extremamente afim do Álvaro de Campos declamatório*, cujos maneirismos sempre nos haviam parecido tradução «literal» de construções sintácticas inglesas ou possíveis em inglês.

Sobre os sonetos traduzidos, dizíamos, ao dar para publicação os 21 restantes, tal como foi descrito acima: «No pequeno prefácio da plaquete contendo catorze sonetos traduzidos, Casais Monteiro explicava, em 1954: «Sem pretendermos, evidentemente, conseguir um equivalente em português à altura do original [1], procuramos ater-nos o mais possível tanto às características formais, como ao pensamento que informa os sonetos. As nossas "transigências" resultaram sempre de uma impossibilidade, e essas transigências resumiram-se em sacrificar a rima, em todos os sonetos menos um, e recorrer às vezes ao verso de doze sílabas. O sacrifício das rimas mostrou-se o menor dos males, evitando--nos outro que seria uma visível traição ao espírito de Pessoa; com efeito, queríamos conservar a forma por ele escolhida, mas na medida em que ficasse nela o espírito das produções originais; o contrário seria um formalismo perfeitamente absurdo e estéril; ora nós vimos que, sacrificando a rima, não só conseguíamos que os sonetos ficassem muito mais "Pessoa", do que no caso contrário, como, sobretudo, não deixam de ser sonetos, porque a rima não faz parte do seu "corpo", digamos assim, e é na realidade um elemento secundário. O recurso aos versos de doze sílabas explica-se por motivo idêntico, pois que dez sílabas correspondem, em inglês, a mais palavras do que o mesmo número daquelas em português — isto para não falar nas possibilidades de concentração oferecidas pela própria construção gramatical inglesa.» Nas suas notas aos poemas ingleses, na edição Aguilar, Maria Aliete Galhoz diz daquelas traduções nossas: «Em colaboração, publicaram a versão livre para português de 14 dos sonetos. É uma tradução a todos os respeitos modelar pela intuição e pela conformidade, não literal, mas poética e de cuidado formal, com o original inglês.» O problema da tradução será sempre motivo de discussões eternas, enquanto persistirem critérios mitológicos da linguagem: a própria frase de M. A. Galhoz contém a contradição de que essas discussões se alimentam, apesar de quanto é gentil no elogio, e quanto é compreensiva quanto aos

---

[1] Sem que o presente autor queira insinuar que as suas traduções e as dos outros são iguais ou superiores aos originais, cumpre dizer que, neste passo, Casais Monteiro cedia à sua justa veneração por Fernando Pessoa. Em termos de interesse, a «altura» dos sonetos ingleses é grande, mas a complexidade deles não é equivalente a uma grande altura como poesia em inglês.

critérios. É que as traduções que fizemos *não são livres*, caso em que se apoiariam muito mais na intuição do que na reflexão sobre o texto. São, talvez, a busca do compromisso possível entre a literalidade (na qual não só se perde a "poesia", como se perde a ambiguidade de sentidos, com que a densidade poética se estabelece) e a transposição poeticamente livre, com a qual se fariam por certo traduções mais belas, mas muito menos exactas. (...) Às vezes a impossibilidade de manter-se um ritmo e um estilo forçou a que se optasse por uma linha condutora do discurso poético, nunca porém escolhendo arbitrariamente uma equivalência que o próprio texto não admitisse. O texto, sem deixar de ser complexo, pode às vezes, pois, ter ficado mais simples.»

Isto que dizíamos sobre as traduções dos sonetos, e a elas sobretudo se aplica, pode ser dito, de certo modo, para esta edição toda.

Resta dizer que os textos foram tirados das edições que Pessoa publicou, as originais. O texto que se publica de *Antinous* é necessariamente o da reedição revista que é um novo original preferido por Pessoa: nas variantes se dão as do texto primitivo publicado em 1918. Os 35 *Sonnets* publicam-se como Pessoa os publicou, pela mesma ordem de ideias; mas dão-se as variantes correspondentes às emendas do exemplar que ele corrigiu, para uma reedição em que terá chegado a pensar mas não publicou.

*

Esta edição, pelas suas traduções, começou a ser preparada muito antes de a ideia de o volume vir a ser incluído nas Obras Completas de Fernando Pessoa, sob a responsabilidade do signatário, como se veio a verificar. A primitiva ideia surgiu, pelos idos dos fins dos anos 40 e princípios da década de 50, entre o signatário, Adolfo Casais Monteiro e José Blanc de Portugal — e consistia apenas em tentar a tradução dos poemas que Pessoa publicara, começando-se pelos sonetos. Assim foi que, partindo para o Brasil, Casais publicou algumas traduções existentes. Mais tarde, cinco anos depois dessa edição, e já com o encargo de realizar a presente edição (o que terá sucedido por 1958), o signatário exilou-se também no Brasil, e incitou Casais Monteiro a retomar a tarefa antiga, o que sobretudo se verificou nos anos que o signatário e ele passaram juntos na Faculdade de Filosofia de Araraquara, São Paulo — datam dessa época as restantes traduções dos sonetos, e a de *Antínoo*. Mas Casais não chegou nunca a fazer a tradução de *Epitalâmio,* de que desistiu. Transferido o signatário do Brasil para os Estados Unidos, segundo exílio, só pôde voltar a entrar em Portugal em fins de 1968, para uma breve estadia. Tudo isto complicou e dificultou o acesso a materiais e a informações necessárias à realização desta edição [1] — e só muito recentemente foi possível, ao fim de homéricas contendas burocráticas, conseguir-se o microfilme dos dois exemplares emendados de *35 Sonnets* [2]. Assim, por vicissitudes diversas, só agora enfim a edição está pronta.

Lisboa, 1958 — Santa Bárbara, Maio de 1974.

JORGE DE SENA

[1] Foram essas dificuldades da distância, agravadas pelo facto de, à distância, ser muito difícil vencer a falta de interesse ou de ajuda por parte de várias pessoas, que fizeram o signatário desistir de fazer a edição, em que longamente trabalhou, sem nunca ter conseguido catálogos completos dos manuscritos existentes, do *Livro do Desassossego,* de Bernardo Soares. Cumpre aqui agradecer a gentileza com que, nos tempos de Brasil e de exílio absoluto, Maria Aliete Galhoz e o P.e Manuel Antunes fizeram no espólio de Pessoa algumas verificações indispensáveis.

[2] Aos porfiados esforços do escritor Luís Amaro se deveu que esses microfilmes chegassem a ser autorizados.

ANTINOUS

ANTÍNOO

Trad. de JORGE DE SENA

ANTINOUS

The rain outside was cold in Hadrian's soul.   1

The boy lay dead
On the low couch, on whose denuded whole,
To Hadrian's eyes, whose sorrow was a dread,
The shadowy light of Death's eclipse was shed.   5

The boy lay dead, and the day seemed a night
Outside. The rain fell like a sick affright
Of Nature at her work in killing him.
Memory of what he was gave no delight,
Delight at what he was was dead and dim.   10

O hands that once had clasped Hadrian's warm hands,
Whose cold now found them cold!
O hair bound erstwhile with the pressing bands!
O eyes half-diffidently bold!
O bare female male-body such   15
As a god's likeness to humanity!
O lips whose opening redness erst could touch
Lust's seats with a live art's variety!
O fingers skilled in things not to be told!
O tongue which, counter-tongued, made the blood bold!   20

ANTÍNOO

Era em Adriano fria a chuva fora.   1

Jaz morto o jovem
No raso leito, e sobre o seu desnudo todo,
Aos olhos de Adriano, cuja dor é medo,
A umbrosa luz do eclipse-morte era difusa.   5

Jaz morto o jovem, e o dia semelhava noite
Lá fora. A chuva cai como um exausto alarme
Da Natureza em acto de matá-lo.
Memória do que el' foi não dava já deleite,
Deleite no que el' foi era morto e indistinto.   10

O mãos que já apertaram as de Adriano quentes,
Cuja frieza agora as sente frias!
Ó cabelo antes preso p'lo penteado justo!
Ó olhos algo inquietamente ousados!
Ó simples macho corpo feminino qual   15
O aparentar-se um deus à humanidade!
Ó lábios cujo abrir vermelho titilava
Os sítios da luxúria com tanta arte viva!
Ó dedos que hábeis eram no de não ser dito!
Ó língua que na língua o sangue audaz tornava!   20

91

O complete regency of lust throned on
Raged consciousness's spilled suspension!
These things are things that now must be no more.
The rain is silent, and the Emperor
Sinks by the couch. His grief is like a rage,   25
For the gods take away the life they give
And spoil the beauty they made live.
He weeps and knows that every future age
Is looking on him out of the to-be;
His love is on a universal stage;   30
A thousand unborn eyes weep with his misery.

Antinous is dead, is dead for ever,
Is dead for ever and all loves lament.
Venus herself, that was Adonis' lover,
Seeing him, that newly lived, now dead again,   35
Lends her old grief's renewal to be blent
With Hadrian's pain.

Now is Apollo sad because the stealer
Of his white body is for ever cold.
No careful kisses on that nippled point   40
Covering his heart-beats' silent place restore
His life again to ope his eyes and feel her
Presence along his veins Love's fortress hold.
No warmth of his another's warmth demands.
Now will his hands behind his head no more   45
Linked, in that posture giving all but hands,
On the projected body hands implore.

The rain falls, and he lies like one who hath
Forgotten all the gestures of his love
And lies awake waiting their hot return.   50
But all his arts and toys are now with Death.
This human ice no way of heat can move;
These ashes of a fire no flame can burn.

Ó regência total do entronizado cio
Na suspensão dispersa da consciência em fúria!
Estas coisas são coisas que não mais serão.
A chuva é silenciosa, e o Imperador
Descai ao pé do leito. A sua dor é fúria,   25
Porque levam os deuses a vida que dão
E a beleza destroem que fizeram viva.
Chora e sabe que as épocas futuras
O fitam do âmago do vir a ser;
O seu amor está num palco universal;   30
Mil olhos não nascidos choram-lhe a miséria.

Antínoo é morto, é morto para sempre,
E morto para sempre, e os amor's todos gemem.
A própria Vénus, que de Adónis foi amante,
Ao vê-lo, então revivo, ora morto de novo,   35
Empresta renovada a sua antiga mágoa
Para que unida seja à dor de Adriano.

Agora Apolo é triste porque o roubador
Do corpo branco seu 'stá para sempre frio.
Não beijos cuidadosos na mamílea ponta   40
Sobre o pulsar silente lhe restauram
Sua vida a que abra os olhos e a presença sinta
Dela por veias ter o reduto do amor.
Nenhum de seu calor calor alheio exige.
Agora suas mãos não mais sob a cabeça   45
Atadas, dando tudo menos mãos,
Ao projectado corpo mãos imploram.

A chuva cai, e el' jaz como alguém que
De seu amor 'squeceu todos os gestos
E jaz desperto à espera que regressem quentes.   50
Suas artes e brincos ora são co'a Morte.
Humano gelo é este sem calor que o mova;
Estas cinzas de um lume não chama há que acenda.

93

O Hadrian, what will now thy cold life be?
What boots it to be lord of men and might?   55
His absence o' er thy visible empery
Comes like a night,
Nor is there morn in hopes of new delight.
Now are thy nights widowed of love and kisses;
Now are thy days robbed of the night's awaiting;   60
Now have thy lips no purpose for thy blisses,
Left but to speak the name that Death is mating
With solitude and sorrow and affright.

Thy vague hands grope, as if they had dropped joy.
To hear that the rain ceases lift thy head,   65
And thy raised glance take to the lovely boy.
Naked he lies upon that memoried bed;
By thine own hand he lies uncoverèd.
There was he wont thy dangling sense to cloy,
Ande uncloy with more cloying, and annoy   70
With newer uncloying till thy senses bled.

His hand and mouth knew games to reinstal
Desire that thy worn spine was hurt to follow.
Sometimes it seemed to thee that all was hollow
In sense in each new straining of sucked lust.   75
Then still new turns of toying would he call
To thy nerves' flesh, and thou wouldst tremble and fall
Back on thy cushions with thy mind's sense hushed.

«Beautiful was my love, yet melancholy.
He had that art, that makes love captive wholly,   80
Of being slowly sad among lust's rages.
Now the Nile gave him up, the eternal Nile.
Under his wet locks Death's blue paleness wages
Now war upon our wishing with sad smile.»

Que ora será, Adriano, a tua vida fria?
Quão vale ser senhor dos homens e das coisas?   55
Sobre o visível teu império a ausência dele
Desce como noite.
Nem há manhã na esp'rança de um deleite novo;
Ora de amor e beijos viúvas são tuas noites;
Ora os dias privados de a noite esperar;   60
Ora teus lábios não têm fito em gozos,
Dados ao nome só que a Morte casa
À solidão e à mágoa e ao temor.

Tuas mãos tacteiam vagas alegria em fuga.
Ouvir que a chuva cessa ergue-te a cabeça,   65
E o teu relance pousa no amorável jovem.
Desnudo el' jaz no memorado leito;
Por tua própria mão el' descoberto jaz.
Aí saciar cumpria-lhe teu senso frouxo,
Insaciá-lo, mais saciando-o, irritá-lo   70
Com nova insaciedade até sangrar teu senso.

Suas boca e mão os jogos de repor sabiam
Desejos que seguir te doía a exausta espinha.
Às vezes parecia-te vazio tudo
A cada novo arranco de chupado cio.   75
Então novos caprichos convocava ainda
À de teus nervos carne, e tombavas, tremias
Nos teus coxins, o imo sentido aquietado.

«Belo era o meu amor, porém melancolia.
Arte que amor cativa inteiramente, el' tinha   80
De uma suave tristeza nas lúbricas raivas.
O Nilo o restituiu, o Nilo eterno.
Sob os anéis molhados lividez de Morte
Guerreia a nosso anseio com sorriso triste.»

Even as he thinks, the lust that is no more   **85**
Than a memory of lust revives and takes
His senses by the hand, his felt flesh wakes,
And all becomes again what 'twas before.
The dead body on the bed starts up and lives
And comes to lie with him, close, closer, and   **90**
A creeping love-wise and invisible hand
At every body-entrance to his lust
Whispers caresses which flit off yet just
Remain enough to bleed his last nerve's strand,
O sweet and cruel Parthian fugitives!   **95**

So he half rises, looking on his lover,
That now can love nothing but what none know.
Vaguely, half-seeing what he doth behold,
He runs his cold lips all the body over.
And so ice-senseless are his lips that, lo!,   **100**
He scarce tastes death from the dead body's cold,
But it seems both are dead or living both
And love is still the presence and the mover.
Then his lips cease on the other lips' cold sloth.

Ah, there the wanting breath reminds his lips   **105**
That from beyond the gods hath moved a mist
Between him and this boy. His finger-tips,
Still idly searching o'er the body, list
For some flesh-response to their waking mood.
But their love-question is not understood: **110**
The god is dead whose cult was to be kissed!

He lifts his hand up to where heaven should be
And cries on the mute gods to know his pain.
Let your calm faces turn aside to his plea,
O granting powers! He will yield up his reign.   **115**

Cabeça de Antínoo

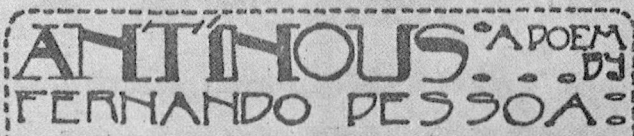

ANTINOUS ºA POEM ... DY
FERNANDO PESSOA:

LISBON   1918

Capa de *Antinous*, 1918

E de pensar, essa luxúria que é   85
Memória de luxúria revive e toma-
-Lhe os sentidos p'la mão, desperta a carne ao toque,
E tudo é outra vez o que era dantes.
No leito o corpo morto se soergue e vive
E vem com el' deitar-se, junto, muito junto,   90
E uma invisível mão e rastejante e sábia
A cada uma do corpo entrada da luxúria
Vai murmurar carícias que se esvaem, mas
Se demoram que sangre a derradeira fibra.
Ó doces, cruéis da Pártia fugitivas!   95

Assim um pouco se ergue, olhando o amante
Que ora não pode amar senão o que se ignora.
Vagamente, mal vendo o que contempla tanto,
Perpassa os frios lábios pelo corpo todo.
E tão de gelo insensos são seus lábios que, ai!,   100
Mal à morte lhe sabe o frio do cadáver,
E é qual mortos ou vivos ambos foram
E amar inda é presença e é motor.
Na dos do outro incúria fria os lábios param.

O hálito ausente aí recorda-lhe a seus lábios   105
Que de pra lá dos deuses uma névoa veio
Entre ele e o jovem. Mas as pontas de seus dedos,
Ainda ociosas perscrutando o corpo, aguardam
Uma reacção da carne ao despertante jeito.
Mas não é compreendida essa de amor pergunta: 110
É morto o deus que era seu culto o ser beijado!

Levanta a mão pra onde o céu estaria
E pede aos deuses mudos que sua dor lhe saibam.
Que a súplica lhe atendam vossas faces calmas,
Ó poder's outorgantes! Dá em troca o reino.   115

In the still deserts he will parchèd live,
In the far barbarous roads beggar or slave,
But to his arms again the warm boy give!
Forego that space ye meant to be his grave!

Take all the female loveliness of earth   120
And in one mound of death its remnant spill!
But, by sweet Ganymede, that Jove found worth
And above Hebe did elect to fill
His cup at his high feasting, and instil
The friendlier love that fills the other's dearth,   125
The clod of female embraces resolve
To dust, O father of the gods, but spare
This boy and his white body and golden hair!
Maybe thy better Ganymede thou feel'st
That he should be, and out of jealous care   130
From Hadrian's arms to thine his beauty steal'st.

He was a kitten playing with lust, playing
With his own and with Hadrian's, sometimes one
And sometimes two, now linking, now undone;
Now leaving lust, now lust's high lusts delaying;   135
Now eyeing lust not wide, but from askance
Jumping round on lust's half-unexpectance;
Now softly gripping, then with fury holding,
Now playfully playing, now seriously, now lying
By th' side of lust looking at it, now spying   140
Which way to take lust in his lust's withholding.

Thus did the hours slide from their tangled hands
And from their mixèd limbs the moments slip.
Now were his arms dead leaves, now iron bands;
Now were his lips cups, now the things that sip;   145
Now were his eyes too closed and now too looking;
Now were his uncontinuings frenzy working;
Now were his arts a feather and now a whip.

Nos desertos quietos viverá sequioso,
Nos longe trilhos bárbaros mendigo ou escravo,
Mas a seus braços quente o jovem devolvei!
Renunciai ao espaço que entendeis seu túmulo!

Tomai da terra a graça feminina toda   120
E num lixo de morte o que restar vertei!
Mas, pelo doce Ganimedes, distinguido
Por Jove acima de Hebe para encher-lhe
A taça nos festins e pra instilar
O amor de amigos que enche o vácuo do outro,   125
O nó de amplexos femininos resolvei
Em poeira, ó pai dos deuses, mas poupai o jovem
E o alvo corpo e o seu cabelo de oiro!
Ganimedes melhor talvez tu pressentiste
Seria acaso, e por inveja essa beleza   130
Dos braços de Adriano para os teus roubaste.

Era um gato brincando co'a luxúria,
A de Adriano e a sua própria, às vezes um
E às vezes dois, ora se unindo, ora afastado;
A luxúria largando, ora o ápice adiando;   135
Ora fitando-a não de frente, mas de viés
Ladeando o sexo que semi não espera;
Ora suave empolgando, ora agarrando em fúria,
Ora brinca brincando, agora a sério, ora
Ao lado da luxúria olhando-a, agora espiando   140
O modo de tomá-la no aparar da sua.

Assim as horas se iam das mãos dadas de ambos,
E das confusas pernas momentos resvalam.
Seus braços folhas mortas, ou cintas de ferro;
Agora os lábios taças, agora o que liba;   145
Olhos fechados por de mais, de mais fitantes;
Ora o vaivém frenético operando;
Ora suas artes pluma, ora um chicote.

99

That love they lived as a religion
Offered to gods that come themselves to men.   150
Sometimes he was adorned or made to don
Half-vestures, then in statued nudity
Did imitate some god that seems to be
By marble's accurate virtue men's again.
Now was he Venus, white out of the seas;   155
And now was he Apollo, young and golden;
Now as Jove sate he in mock judgment over
The presence at his feet of his slaved lover;
Now was he an acted rite, by one beholden,
In ever-repositioned mysteries.   160

Now he is something anyone can be.
O stark negation of the thing it is!
O golden-haired moon-cold loveliness!
Too cold! too cold! and love as cold as he!
Love through the memories of his love doth roam   165
As through a labyrinth, in sad madness glad,
And now calls on his name and bids him come,
And now is smiling at his imaged coming
That is i'th' heart like faces in the gloaming —
Mere shining shadows of the forms they had.   170

The rain again like a vague pain arose
And put the sense of wetness in the air.
Suddenly did the Emperor suppose
He saw this room and all in it from far.
He saw the couch, the boy, and his own frame   175
Cast down against the couch, and he became
A clearer presence to himself, and said
These words unuttered, save to his soul's dread:

«I shall build thee a statue that will be
To the continued future evidence   180

100

Viveram esse amor como religião
Oferta a deuses que, em pessoa, aos homens descem.   150
Às vezes adornado, ou feito enfiar
Meias vestes, então numa nudez de estátua
Imitava algum deus que de homens ser parece
Pela do mármore virtude exacta.
Agora Vénus era, alva dos mar's saindo;   155
E agora Apolo ele era, jovem e dourado;
E agora Júpiter julgando em troça
A presença a seus pés do escravizado amante;
Agora agido rito, por alguém seguido,
Em mistérios que são sempre repostos.   160

Agora é algo que qualquer ser pode.
Ó crua negação da coisa que é!
Ó de áurea coma sedução fria de lua!
Fria de mais! De mais! E amor como ela frio!
O amor pelas memórias do amor seu vagueia   165
Como num labirinto, alegre louco triste,
E ora clama o seu nome e lhe pede que venha,
E ora sorrindo está à sua imagem-vinda
Que está no coração quais rostos na penumbra —
Meras luzentes sombras das formas que tinham.   170

A chuva outra vez volta como vaga dor
E pôs um senso de humidade no ar.
Subitamente o Imperador supõe
Que via o quarto e tudo da distância.
O leito via, o jovem, sua própria forma   175
Contra o leito lançada, e se tornou
Mais nítida presença pra si próprio, e disse
Estas não ditas, salvo em temor de alma, vozes:

«Erguer-te-ei uma estátua que será
Prova, para o contínuo das futuras eras,   180

101

Of my love and thy beauty and the sense
That beauty giveth of divinity.
Though death with subtle uncovering hands remove
The apparel of life and empire from our love,
Yet its nude statue, that thou dost inspirit,   185
All future times, whether they will't or not,
Shall, like a gift a forcing god hath brought,
Inevitably inherit.

«Ay, this thy statue shall I build, and set
Upon the pinnacle of being thine, that Time   190
By its subtle dim crime
Will fear to eat it from life, or to fret
With war's or envy's rage from bulk and stone.
Fate cannot be that! Gods themselves, that make
Things change, Fate's own hand, that doth overtake   195
The gods themselves with darkness, will draw back
From marring thus thy statue and my boon,
Leaving the wide world hollow with thy lack.

«This picture of our love will bridge the ages.
It will loom white out of the past and be   200
Eternal, like a Roman victory,
In every heart ,the future will give rages
Of not being our love's contemporary.

«Yet oh that this were needed not, and thou
Wert the red flower perfuming my life,   205
The garland on the brows of my delight,
The living flame on altars of my soul!
Would all this were a thing thou mightest now
Smile at from under thy death-mocking lids
And wonder that I should so put a strife   210
Twixt me and gods for thy lost presence bright;
Were there nought in this but my empty dole

Do meu amor, tua beleza e do sentido
Que à divindade p'la beleza é dado.
Que a morte com sutis mãos desnudantes tire
A nosso amor as vestes do império e da vida,
Ainda a dele estátua que só tu inspiras,   185
As futuras idades, quer queiram, quer não,
Hão-de, qual dote por um deus imposto,
Inevitavelmente herdar.

«Ai, tua estátua hei-de erigir, e pôr
Sobre o pináculo de pertencer-te, e o Tempo   190
Por seu sutil difuso crime
Temerá devorá-la, ou corroê-la,
Com raivas de ciúme ou guerra, em vulto e pedra.
Tal não será o Fado! Os próprios deuses que
Alteram tudo, e até do Fado a mão, que prende   195
Com treva aos próprios deuses, recuará
De macerar assim tua estátua e minha benção,
Deixando o vasto mundo à tua ausência oco.

«Esta do amor pintura as eras cruzará.
Do passado alva há-de avultar e ser   200
Eterna, qual vitória dos Romanos,
Dará o futuro raiva aos corações de não
De nosso amor coevos terem sido.

«Contudo, oh que preciso isto não fora, e tu
A rubra flor a minha vida perfumando,   205
A grinalda na fronte do meu gozo,
A viva chama em aras da minh'alma!
Fôra tudo isto coisa de que tu pudesses
Sorrir de sob as pálpebras mimando morte
E cismar por que aos deuses eu desafiava   210
Por tua luminosa presença perdida;
Houvera nisto apenas oblação vazia

103

And thy awakening smile half to condole
With what my dreaming pain to hope forbids.»

Thus went he, like a lover who is waiting,   215
From place to place in his dim doubting mind.
Now was his hope a great intention fating
Its wish to being, now felt he he was blind
In some point of his seen wish undefined.

When love meets death we know not what to feel.   220
When death foils love we know not what to know.
Now did his doubt hope, now did his hope doubt;
Now what his wish dreamed the dream's sense did flout
And to a sullen emptiness congeal.
Then again the gods fanned love's darkening glow.   225

«Thy death has given me a higher lust —
A flesh-lust raging for eternity.
On mine imperial fate I set my trust
That the high gods, that made me emperor be,
Will not annul from a more real life   230
My wish that thou should'st live for e'er and stand
A fleshly presence on their better land,
More lovely yet not lovelier, for there
No things impossible our wishes mar
Nor pain our hearts with change and time and strife.   235

«Love, love, my love! thou art already a god.
This thought of mine, which I a wish believe,
Is no wish, but a sight, to me allowed
By the great gods, that love love and can give
To mortal hearts, under the shape of wishes —   240
Of wishes having undiscovered reaches — ,
A vision of the real things beyond
Our life-imprisoned life, our sense-bound sense.
Ay, what I wish thee to be thou art now

104

E o de acordar sorriso teu de simpatia
Por que me a dor que sonha ao esperar proíbe.»

Como o amante que aguarda, assim ele ia de   215
Canto a canto do em dúvida confuso espírito.
Ora sua esperança um grande intento era
De que o anseio fosse, ora ele cego se
Sentia algures no visto indefinido anseio.

Se amor conhece a morte, que sentir se ignora.   220
Se a morte frustra amor, que saber não sabemos.
A dúvida esperava, ou duvidava a esp'rança;
Ora o de sonhar senso ao que sonhava anseio
Escarnecia e congelava em vácuo.
De novo os deuses sopram a mortiça brasa.   225

«A tua morte deu-me alta luxúria mais —
Um carnal cio em raiva por eternidade.
No meu imperial fado a confiança ponho
Que os altos deuses, por quem césar fui,
Não riscarão de vida mais real   230
Meu voto de que vivas para sempre e sejas
Na deles melhor terra uma carnal presença,
Amável mais, mais amorável não, pois lá
Não coisas impossíveis nossos votos jaçam
Nem corações nos ferem com mudança e tempo.   235

«Amor, amor, ó meu amor! já és um deus.
Minha esta ideia, que por voto eu tomo,
Voto não é, mas vista que me é permitida
Pelos grãos deuses, que amor amam e dar podem
A corações mortais, sob a forma de anseios —   240
De anseios que alvos têm indescobertos —,
Uma visão das reais coisas para além
De nossa vida em vida aprisionada, nosso sentido no sentido preso.
Ai, o que anseio que tu sejas és

Already. Already on Olympic ground   245
Thou walkest and art perfect, yet art thou,
For thou needst no excess of thee to don
Perfect to be, being perfection.

«My heart is singing like a morning bird.
A great hope from the gods comes down to me   250
And bids my heart to subtler sense be stirred
And think not that strange evil of thee
That to think thee mortal would be.

«My love, my love, my god-love! Let me kiss
On thy cold lips thy hot. lips now immortal,   255
Greeting thee at Death's portal's happiness,
For to the gods Death's portal is Life's portal.

«Were no Olympus yet for thee, my love
Would make thee one, where thou sole god mightst prove,
And I thy sole adorer, glad to be   260
Thy sole adorer through infinity.
That were a universe divine enough
For love and me and what to me thou art.
To have thee is a thing made of gods' stuff
And to look on thee eternity's best part.   265

«But this is true and mine own art: the god
Thou art now is a body made by me,
For, if thou art now flesh reality
Beyond where men age and night cometh still,
'Tis to my love's great making power thou owest   270
That life thou on thy memory bestowest
And mak'st it carnal. Had my love not held
An empire of my mighty legioned will,
Thou to gods' consort hadst not been compelled.

Tu já. Pois já do Olimpo o território tu   245
Pisaste e és perfeito, sendo tu embora,
Pois excesso de ti não precisas vestir
Perfeito para ser, a perfeição que és.

«Canta meu coração como ave matutina,
Uma grande esperança a mim desce dos deuses   250
E o coração me chama a senso mais subtil
E a não pensar de ti o estranho mal
Que seria pensar que eras mortal.

«Amor, meu amor-deus! Que eu beije, em frios teus
Lábios, teus quentes lábios imortais agora,   255
Saudando-te beato nos portais da Morte,
Pois que pra deuses são portais da Vida.

«Houvera não Olimpo para ti, amor,
Um te faria em que único serias deus,
Teu só adorador eu sendo, a ser contente   260
Teu só adorador por toda a infinidade.
Para que mundo houvera divinal bastante
Pra amor, pra mim, para que para mim tu és.
Ter-te é uma coisa feita da essência dos deuses
E para ti olhar é o mais da eternidade.   265

«Mas arte vera e minha própria isto é: o deus
Que ora tu és é um corpo por mim feito,
Porque, se agora és tu realidade carnal
Além de onde há velhice e a noite volta ainda,
Ao génio do amor meu é que tu deves   270
Que vida tu concedas à tua memória
E a tornes carne. O amor meu não regera
Império de potente em legiões meu qu'rer.
E tu a igual dos deuses não foras forçado.

107

«My love that found thee, when it found thee did   275
But find its own true body and exact look.
Therefore when now thy memory I bid
Become a god where gods are, I but move
To death's high column's top the shape it took
And set it there for vision of all love.   280

«O love, my love, put up with my strong will
Of loving to Olympus, be thou there
The latest god, whose honey-coloured hair
Takes divine eyes! As thou wert on earthe, still
In heaven bodifully be and roam,   285
A prisoner of that happiness of home,
With elder gods, while I on earth do make
A statue for thy deathlessness' seen sake.

«Yet thy true deathless statue I shall build
Will be no stone thing, but that same regret   290
By which our love's eternity is willed.
One side of that is thou, as gods see thee
Now, and the other, here, thy memory.
My sorrow will make that men's god, and set
Thy naked memory on the parapet   295
That looks upon the seas of future times.
Some will say all our love was but our crimes;
Others against our names the knives will whet
Of their glad hate of beauty's beauty, and make
Our names a base of heap whereon to rake   300
The names of all our brothers with quick scorn.
Yet will our presence, like eternal Morn,
Ever return at Beauty's hour, and shine
Out of the East of Love, in light to enshrine
New gods to come, the lacking world to adorn.   305

«O amor que te encontrou, quando encontrou, apenas   275
Encontrou o próprio vero corpo e exacto aspecto.
Quando a tua memória agora invoco, pois,
A que deus seja onde são deuses, eu só movo
Da estígia alta coluna ao topo essa figura
E a ponho lá de imagem do amor todo.   280

«Ó meu amor, vai com meu forte qu'rer
De amar para o Olimpo, sê tu lá
O mais recente deus, cujos de mel cabelos
Tomam divinos olhos! Como eras na terra,
No céu corporeamente sê, vagueia,   285
Cativo dessa pátria da beatitude,
Com deuses mais antigos, que eu na terra faço,
Uma estátua por vista de imortal tu seres.

«Mas a estátua imortal que vera te erguerei
Será de pedra não, mas essa mesma mágoa   290
Pela qual é querido a nosso amor o eterno.
Um lado disso és tu, como os deuses te vêem
Agora, e outro lado, aqui, tua memória.
A minha dor fará tal de homens deus, porá
Tua memória nua sobre o parapeito   295
Que fita os mar's das épocas futuras.
Dirão que nosso amor só era os nossos crimes;
Outros em nossos nomes afiarão as facas
Do ódio contente ao belo da beleza, e hão-de
Fazer de nossos nomes sítio onde gravar   300
Os nomes de irmãos nossos com veloz desprezo.
Mas a nossa presença, como Aurora eterna,
Sempre com a Beleza há-de voltar, brilhando
Do Nascente do Amor, em luz que aureolará
Novos deuses por vir, que o falho mundo adornem.   305

109

«All that thou art now is thyself and I.
Our dual presence has its unity
In that perfection of body which my love.
By lóving it, became, and did from life
Raise into godness, calm above the strife   310
Of times, and changing passions far above.

«But since men see more with the eyes than soul,
Still I in stone shall utter this great dole;
Still, eager that men hunger by thy presence,
I shall to marble carry this regret   315
That in my heart like a great star is set.
Thus, even in stone, our love shall stand so great
In thy statue of us, like a god's fate,
Our love's incarnate and discarnate essence,
That, like a trumpet reaching over seas   320
And going from continent to continent,
Our love shall speak its joy and woe, death-blent,
Over infinities and eternities.

«And here, memory or statue, we shall stand,
Still the same one, as we were hand in hand   325
Nor felt each other's hand for feeling feeling.
Men still will see me when thy sense they take.
The entire gods might pass, in the vast wheeling
Of the globed ages. If but for thy sake,
That, being theirs, hadst gone with their gone band,   330
They would return, as they had slept to wake.

«Then the end of days when Jove were born again
And Ganymede again pour at his feast
Would see our dual soul from death released
And recreated unto joy, fear, pain —   335
All that love doth contain;
Life — all the beauty that doth make a lust

110

«Agora é tudo o que tu és tu próprio e eu.
Nossa presença dual sua unidade tem
Na perfeição corpórea que amor meu,
Amando-a, se tornou, e ergueu da vida
À divindade, calma do lutar acima   310
Das eras, muito acima das paixões mudáveis.

«Mas porque mais de olhar que de alma os homens vêem,
Formularei em pedra o meu imenso voto;
Ansioso que homens sofram da presença tua,
Ao mármore o desgosto levarei que em meu   315
Coração posto está como um grande astro.
Ainda que em pedra, o nosso amor será tão grande
Na de nós tua estátua, qual de um deus destino,
Descarnada e incarnada essência desse amor,
Que, qual trombeta que transpõe os mares   320
E vai de continente em continente,
O nosso amor dirá seu gáudio, em morte imerso,
Por sobre os infinitos e as eternidades.

«E aqui, memória ou estátua, ficaremos
O mesmo um só, qual de mãos dadas éramos   325
Nem as mãos se sentiam por sentir sentir.
Ver-me-ão os homens quando o que és entendam.
Podiam ir-se os deuses, no vasto rodar
Das curvas eras. Só por ti apenas,
Que, um deles, no ido bando, houveras ido,   330
Viriam, qual dormissem para despertar.

«Então o fim dos dias, renascendo Jove
E Ganimedes a servi-lo em seu festim,
Sôlta da morte a nossa alma dual veria
E recriada em dor, em medo, em alegria —   335
Tudo o que o amor contém;
Vida — toda a beleza que luxúria faz

111

Of love's own true love, at the spell amazed;
And, if our very memory wore to dust,
By some god's race of the end of ages must   340
Our dual unity again be raised.»

It rained still. But slow-treading night came in,
Closing the weary eyelids of each sense.
The very consciousness of self and soul
Grew, like a landscape through dim raining, dim.   345
The Emperor lay still, so still that now
He half forgot where now he lay, or whence
The sorrow that was still salt on his lips.
All had been something very far, a scroll
Rolled up. The things he felt were like the rim   350
That haloes round the moon when the night weeps.

His head was bowed into his arms, and they
On the low couch, foreign to his sense, lay.
His closed eyes seemed open to him, and seeing
The naked floor, dark, cold, sad and unmeaning.   355
His hurting breath was all his sense could know.
Out of the falling darkness the wind rose
And fell; a voice swooned in the courts below;
And the Emperor slept.

                        The gods came now
And bore something away, no sense knows how,   360
On unseen arms of power and repose.

LISBON, 1915.

112

Do vero amor do amor, no encanto fascinada;
E, se a nossa memória a pó se reduzisse,
Uma divina raça do fim das idades   340
Nossa unidade dual ressuscitava.»

Ainda chovia. Em leves passos veio a noite
Fechando as pálpebras cansadas dos sentidos.
A mesma consciência de eu e de alma
Tornou-se, qual paisagem vaga em chuva, vaga.   345
O Imperador imóvel jaz, e tanto que
Semiesqueceu onde ora jaz, ou de onde vem
A dor que era inda sal nos lábios seus.
Algo distante fora tudo: um manuscrito
Que se enrolou. E o que sentira a fímbria era   350
Que halo é em torno à lua quando a noite chora.

A cabeça pousava sobre os braços, estes
No baixo leito, alheios a senti-lo, estavam.
Os seus olhos fechados cria abertos, vendo
O nu chão negro, frio, triste, sem sentido.   355
Doer-lhe o respirar tudo era que sabia.
Do tombante negrume o vento ergueu-se
E tombou; lá no pátio ecoou uma voz;
E o Imperador dormia.
                        Os deuses vieram
E algo levaram, qual não senso sabe,   360
Em braços de poder e de repouso invisos.

INSCRIPTIONS

EPITÁFIOS

Trad. de JORGE DE SENA

INSCRIPTIONS

I

We pass and dream. Earth smiles. Virtue is rare.
Age, duty, gods weigh on our conscious bliss.
Hope for the best and for the worst prepare.
The sum of purposed wisdom speaks in this.

II

Me, Chloe, a maid, the mighty fates have given,
Who was nought to them, to the peopled shades.
Thus the gods will. My years were but twice seven.
I am forgotten in my distant glades.

III

From my villa on the hill I long looked down
Upon the muttering town;
Then one day drew (life sight-sick, dull hope shed)
My toga o'er my head
(The simplest gesture being the greatest thing)
Like a raised wing.

EPITÁFIOS

I

Passamos e sonhamos. Sorri a terra. A virtude é rara.
Idade, o dever, os deuses pesam na cônscia ventura.
Pelo melhor espera e ao pior prepara-te.
A soma da proposta sageza nisto fala.

II

A mim, Cloé, donzela, os poderosos fados deram,
Que era nada para eles, às populosas sombras.
Assim querem os deuses. Duas vezes sete eram só meus anos.
Jazo esquecida em meus prados distantes.

III

Da minha «vila» no alto longamente olhei
A murmurante urbe;
Depois, um dia a toga (farto de vista vida, solta a torpe esperança)
Passei sobre a cabeça
(O mais simples gesto sendo a maior coisa)
Qual fora uma asa erguida.

IV

Not Cecrops kept my bees. My olives bore
Oil like the sun. My several herd lowed far.
The breathing traveller rested by my door.
The wet earth smells still; dead my nostrils are.

V

I conquered. Far barbarians hear my name.
Men were dice in my game,
But to my throw myself did lesser come:
I threw dice, Fate the sum.

VI

Some were as loved loved, some as prizes prized.
A natural wife to the fed man my mate,
I was sufficient to whom I sufficed.
I moved, slept, bore and aged without a fate.

VII

I put by pleasure like an alien bowl.
Stern, separate, mine, I looked towards where gods seem.
From behind me the common shadow stole.
Dreaming that I slept not, I slept my dream.

VIII

Scarce five years passed ere I passed too.
Death came and took the child he found.
No god spared, or fate smiled at, so
Small hands, clutching so little round.

IV

Não Cécrops guardou minhas abelhas. E meus olivais deram
Azeite como o Sol. Rebanhos vários meus baliram longe.
O cansado viajante repousou à minha porta.
A terra molhada cheira ainda; mortas minhas narinas estão.

V

Conquistei. Distantes bárbaros meu nome escutam.
Os homens eram dados em meu jogo,
Mas a meu lance eu mesmo menos vim:
Os dados eu lancei, e o Fado a soma.

VI

Amados foram como amados uns, outros como prémios prezados.
Esposa natural de meu saciado companheiro,
Bastante fui àquele a quem bastei.
Andei, dormi, pari, fui velha sem destino.

VII

Pus o prazer de parte como alheia taça.
À parte, sério, senhor de mim, olhei para onde deuses parecem.
Por trás de mim a comum sombra vinha.
Sonhando não dormir, a meu sonho dormi.

VIII

Escassos cinco anos passaram antes que eu também.
A morte veio e levou a criança que achou.
Nenhum deus poupou, ou fado sorriu a tão
Pequenas mãos, fechando-se sobre tão pouco.

IX

There is a silence where the town was old.
Grass grows where not a memory lies below.
We that dined loud are sand. The tale is told.
The far hoofs hush. The inn's last light doth go.

X

We, that both lie here, loved. This denies us.
My lost hand crumbles where her breasts' lack is.
Love's known, each lover is anonymous.
We both felt fair. Kiss, for that was our kiss.

XI

I for my city's want fought far and fell.
I could not tell
What she did want, that knew she wanted me.
Her walls be free,
Her speech keep such as I spoke, and men die,
That she die not, as I.

XII

Life lived us, not we life. We, as bees sip,
Looked, talked and had. Trees grow as we did last.
We loved the gods but as we see a ship.
Never aware of being aware, we passed.

IX

Um silêncio há onde a cidade era antiga.
Erva cresce aonde nem memória subjaz.
Nós que ruidosos ceámos somos pó. A história está contada.
Calam-se ao longe as ferraduras. E a extrema luz desta pousada
[vai-se.

X

Aqui jazemos nós que nos amámos. Isto nega-nos.
Minha perdida mão desfaz-se onde a falta de seus seios é.
O amor é conhecido, cada amante anónimo.
Formosos nos sentíamos. Beijai, que esse era o nosso beijo.

XI

Pela cidade longe eu lutava e morria.
Dizer eu não sabia
O que ela precisava, ciente que de mim.
Livre seu muro enfim,
E a língua seja qual falei, e os homens morrem,
Que ela não, como eu.

XII

Vive-nos a vida, não nós a vida. Nós, como abelhas libam,
Olhámos, falámos e vivemos. Árvores crescem, enquanto nós
[durámos.
Nós amámos os deuses, mas como a um navio vemos.
Cientes nunca de cientes sermos, passámos.

121

XIII

The work is done. The hammer is laid down.
The artisans, that built the slow-grown town,
Have been succeeded by those who still built.
All this is something lack-of-something screening.
The thought whole has no meaning
But lies by Time's wall like a pitcher spilt.

XIV

This covers me, that erst had the blue sky.
This soil treads me, that once I trod. My hand
Put these inscriptions here, half knowing why;
Last, and hence seeing all, of the passing band.

LISBON, 1920.

XIII

A obra está feita. O martelo é pousado.
Os artífices que edificaram a lenticrescente cidade,
Sucedidos foram pelos que ainda edificam.
Tudo isto é algo a falta de algo encobrindo.
O pensamento todo não tem sentido
Mas jaz contra a parede do tempo como vaso entornado.

XIV

Isto me cobre, que outrora tinha o céu azul.
Este solo me calca, que eu já calquei. A minha mão
Traçou este epitáfio, mal sabendo porquê;
Último, e daqui a todos vendo, do transeunte bando.

Lisboa, 1920

EPITHALAMIUM

EPITALÂMIO

Trad. de JORGE DE SENA

EPITHALAMIUM

I

Set ope all shutters, that the day come in
Like a sea or a din!
Let not a nook of useless shade compel
Thoughts of the night, or tell
The mind's comparing that some things are sad,
For this day all are glad!
'Tis morn, 'tis open morn, the full sun is
Risen from out the abyss
Where last night lay beyond the unseen rim
Of the horizon dim.
Now is the bride awaking. Lo! she starts
To feel the day is home
Whose too-near night will put two different hearts
To beat as near as flesh can let them come.
Guess how she joys in her feared going, nor opes
Her eyes for fear of fearing at her joy.
Now is the pained arrival of all hopes.
With the half-thought she scarce knows how to toy.
Oh, let her wait a moment or a day
And prepare for the fray
For which her thoughts not ever quite prepare'

EPITALÂMIO

I

Que se abram as janelas para o dia entrar
Como um estrondo ou um mar!
Recanto de vã sombra que não reste qual
Recorde o nocturnal,
Ou diga ao comparar do espírito que há coisas tristes!
Hoje tudo são chistes!
É manhã! Manhã alta! O Sol ergueu-se inteiro
E já do abismo veio
Em que a passada noite além da fímbria invista
Do horizonte persista.
Desperta a noiva agora. Oh, como treme toda
De ver que o dia esponta
Cuja tão prestes noite os corações em boda
Fará bater tão perto quanto a carne encontra.
Pensai como ela se alegra de um seu ir-se temido,
E os olhos não abre por temer que o prazer tema.
Ora da esperança chega o prazo tão dorido.
Como pensar não sabe que pensar extrema.
Oh, deixai-a demorar-se um dia ou um instante
Para ajustar-se ao transe
Que o seu pensar não sabe como há-de aceitar!

With the real day's arrival she's half wroth.
Though she wish what she wants, she yet doth stay
Her dreams yet mergèd are
In the slow verge of sleep, which idly doth
The accurate hope of things remotely mar.

II

Part from the windows the small curtains set
Sight more than light to omit!
Look on the general fields, how bright they lie
Under the broad blue sky,
Cloudless, and the beginning of the heat
Does the sight half ill-treat!
The bride hath wakened. Lo! she feels her shaking
Heart better all her waking!
Her breasts are with fear's coldness inward clutched
And more felt on her grown,
That will by hands other than hers be touched
And will find lips sucking their budded crown.
Lo! the thought of the bridegroom's hands already
Feels her about where even her hands are shy,
And her thoughts shrink till they become unready.
She gathers up her body and still doth lie.
She vaguely lets her eyes feel opening.
In a fringed mist each thing
Looms, and the present day is truly clear
But to her sense of fear.
Like a hue, light lies on her lidded sight,
And she half hates the inevitable light.

Porque é real o dia está como que irada.
Se o que deseja quer, quisera-se ficando.
Confuso é seu sonhar
Do sono à lenta beira que disseminada
A exacta esperança faz remotamente ondear.

II

Afastai nas janelas a cortina breve
Que menos que à luz a vista só proscreve!
Olhai o vasto campo, como jaz luminoso
Sob o azul poderoso
E limpo, e como aquece numa ardência leve
Que na vista se inscreve!
Já a noiva acordou. Ah como tremer sente
O coração dormente!
Os seios dela arrepanham-se por dentro numa frieza de medo
Mais sentido por crescido nela,
E que serão por outras mãos que não as suas tocados
E terão lábios chupando os bicos em botão.
Ah, ideia das mãos do noivo já
A tocar lá onde as mãos dela tímidas mal tocam,
E os pensamentos contraem-se-lhe até ser indistintos.
Do corpo está consciente mas continua deitada.
Vagamente deixa os olhos sentir que se abrem.
Numa névoa franjada cada coisa
Se ergue, e o dia actual é veramente claro
Menos ao seu sentir de medo.
Como mancha de cor a luz pousa na palpebrada vista
E ela quase detesta a inescapável luz.

III

Open the windows and the doors all wide
Lest aught of night abide,
Or, like a ship's trail in the sea, survive
What made it there to live!
She lies in bed half waiting that her wish
Grow bolder or more rich
To make her rise, or poorer, to oust fear,
And she rise as a common day were here.
That she would be a bride in bed with man
The parts where she is woman do insist
And send up messages that shame doth ban
From being dreamed but in a shapeless mist.
She opes her eyes, the ceiling sees above
Shutting the small alcove,
And thinks, till she must shut her eyes again,
Another ceiling she this night will know,
Another house, another bed, she lain
In a way she half guesses; so
She shuts her eyes to see not the room she
Soon will no longer see.

IV

Let the wide light come through the whole house now
Like a herald with brow
Garlanded round with roses and those leaves
That love for its· love weaves!
Between her and the ceiling this day's ending
A man's weight will be bending.
Lo! with the thought her legs she twines, well knowing
A hand will part them then;
Fearing that entering in her, that allowing

III

Abram as janelas e escancarem as portas
Para que nada de noite resista,
Ou, como esteira de navio no mar, sobreviva
Ao que a fez existir!
Jaz a noiva no leito, como esperando que a vontade
Se torne mais audaz ou mais forte
Para forçá-la a erguer-se, ou mais frágil, para expulsar o medo,
E ela se levante como se um dia vulgar fosse o que está.
Que há-de ser uma noiva na cama com um homem
As partes em que é mulher insistem
E mensagens enviam a vergonha banindo
Do ser sonhada só em névoa sem forma.
Abre os olhos, e o tecto vê por cima
Que fecha a pequena alcova,
E pensa, até que feche outra vez os olhos,
Que um outro tecto conhecerá esta noite,
E outra casa, outro leito, ela deitada
Como mal imagina; e assim
Os olhos fecha para não ver o quarto que ela
Depressa não mais verá.

IV

Que a larga luz penetre a casa inteira agora
Como um arauto co'a fronte
Engrinaldada de rosas e das folhas
Que o amor por amor entretece!
Entre ela e o tecto ao fim deste dia
O peso de um homem se curvará.
Ah, a esta ideia as pernas cruza, bem sabendo
Que mão lhas há-de separar;
Temendo esse entrar nela, o consentir

131

That will make softness begin rude at pain.
If ye, glad sunbeams, are inhabitèd
By sprites or gnomes that dally with the day,
Whisper her, if she shrink that she'll be bled,
That love's large bower is doored in this small way.

V

Now will her grave of untorn maidenhood
Be dug in her small blood.
Assemble ye at that glad funeral
And weave her scarlet pall,
O pinings for the flesh of man that often
Did her secret hours soften
And take her willing and unwilling hand
Where pleasure starteth up.
Come forth, ye moted gnomes, unruly band,
That come so quick ye spill your brimming cup;
Ye that make youth young and flesh nice
And the glad spring and summer sun arise;
Ye by whose secret presence the trees grow
Green, and the flowers bud, and birds sing free,
When with the fury of a trembling glow
The bull climbs on the heifer mightily!

VI

Sing at her window, ye heard early wings
In whose song joy's self sings!
Buzz in her room along her loss of sleep,
O small flies, tumble and creep
Along the counterpane and on her fingers

Que fará doçura começar rude e em dor.
Se vós, alegres raios de sol, sois habitados
Por espíritos ou gnomos que com o dia brincam,
Segredai-lhe, se ela se faz pequena à ideia de sangrar,
Que do amor o espaço florido tem essa porta estreita.

V

Ora será o seu túmulo da virgindade rasgada
Cavado num pouco de sangue.
Juntai-vos para o alegre funeral
E tecei o escarlate esquife,
Ó anseios por carne de homem que às vezes
A ela animou as horas secretas
E lhe levou a disposta e não-disposta mão
Lá onde prazer começa.
Vinde, ó gnomos mínimos, ó bando sem lei,
Que tão depressa vindes que entornais a vossa cheia taça;
Vós, que fazeis jovem o que é jovem e a carne encanto,
E a alegre Primavera e o Sol de Verão nascer;
Vós, por cuja secreta presença as árvores crescem
Verdes, e as flores brotam, e as aves cantam livres,
Quando na fúria de um tremente brilho
O touro monta a vaca impetuosamente!

VI

Cantai-lhe à janela, vós, ouvidas asas matutinas
Em cujo canto a alegria mesma canta!
Zumbi no quarto dela ao longo do sono que foge,
Ó pequenas moscas que tropeçam e sobem
Nas portadas da janela e nos dedos dela

133

In mating pairs. She lingers.
Along her joined-felt legs a prophecy
Creeps like an inward hand.
Look how she tarries! Tell her: fear not glee!
Come up! Awake! Dress for undressing! Stand!
Look how the sun is altogether all!
Life hums around her senses petalled close.
Come up! Come up! Pleasure must thee befall!
Joy to be plucked, O yet ungathered rose!

VII

Now is she risen. Look how she looks down,
After her slow down-slid night-gown,
On her unspotted while of nakedness
Save where the beast's difference from her white frame
Hairily triangling black below doth shame
Her to-day's sight of it, till the caress
Of the chemise cover her body. Dress!
Stop not, sitting upon the bed's hard edge,
Stop not to wonder at by-and-bye, nor guess!
List to the rapid birds i'th' window ledge!
Up, up and washed! Lo! she is up half-gowned,
For she lacks hands to have power to button fit
The white symbolic wearing, and she's found
By her maids thus, that come to perfect it.

VIII

Look how over her seeing-them-not her maids
Smile at each other their same thought of her!
Already is she deflowered in others' thoughts.
With curious carefulness of inlocked braids,

Em pares acasalados. Ela demora-se.
Nas pernas sentidas juntas uma profecia
Avança como mão interna.
Olhai quanto se atarda! Dizei-lhe que o prazer não tema!
Vem! Acorda! Veste-te para desvestir-te! De pé!
Olha como o sol é inteiramente túdo!
A vida vibra à volta dos sentidos fechados como pétalas.
Vem! Vem! É gozo o que te cabe!
Alegra-te de ser colhida, ó ainda recolhida rosa!

VII

Agora levantou-se. Olhai como os olhos baixa,
Seguindo a lentamente baixada camisa de noite,
Ao longo do seu imaculado entretanto de nudez
Salvo onde a diferença animal da sua forma branca
Cabeludamente se triangulando a negro a envergonha
Do seu hoje vê-la, até que a carícia
De uma camisa cobre o corpo. Veste-te!
Não pares sentada na dura borda da cama,
Não pares a pensar nisto ou naquilo, a adivinhar!
Escuta as aves rápidas no peitoril da janela!
Levanta-te e lava-te! Oh, meio-vestida,
Porque lhe faltam mãos para poder abotoar
A simbólica veste branca, e assim a encontram
As damas de honor que vêm para enfeitá-la.

VIII

Olhai como por sobre o ela não vê-las as donzelas
Sorriem umas às outras o mesmo pensar dela!
Já desflorada está no pensamento alheio.
Com curioso cuidado de entrelaçadas tranças,

With hands that in the sun minutely stir,
One works her hair into concerted knots.
Another buttons tight the gown; her hand,
Touching the body's warmth of life, doth band
Her thoughts with the rude bridegroom's hand to be.
The first then, on the veil placed mistily,
Lays on her head, her own head sideways leaning,
The garland soon to have no meaning.
The first then, on the veil placed mistily,
Fit close the trembling feet, and her eyes see
The stockinged leg, road upwards to that boon
Where all this day centres its revelry.

IX

Now is she gowned completely, her face won
To a flush. Look how the sun
Shines hot and how the creeper, loosed, doth strain
To hit the heated panel
She is all white, all she's awaiting him.
Her eyes are bright and dim.
Her hands are cold, her lips are dry, her heart
Pants like a pursued hart.

X

Now is she issued. List how all speech pines
Then bursts into a wave of speech again!
Now is she issued out to where the guests
Look on her daring not to look at them.
The hot sun outside shines.
A sweaty oiliness of hot life rests
On the day's face this hour.
A mad joy's pent in each warm thing's hushed power.

Com mãos que no sol minuciosamente mexem,
Uma lhe compõe o cabelo em concertados laços.
Outra lhe aperta o vestido; e a sua mão,
Tocando o corporal calor de vida, bandeia
O pensamento com a do noivo mão que rude há-de ser.
A primeira então, no véu vista enevoadamente,
Lhe pousa na cabeça, a sua mesma de lado inclinando,
A grinalda que em breve não terá sentido.
A outra, de joelhos, faz que os brancos sapatos
Calcem justos os pés trementes, e os seus olhos
Vêem em meias as pernas, e viajam acima até àquele bem
Em que todo este dia concentra o seu prazer.

IX

Agora está vestida por completo, a face ganha
Cor. Olhai como o sol
Brilha quente e como espreitador, descarado, se enteza
Para atingir a vidraça ardente!
Toda branca ela está, e toda ela à espera.
Os olhos são-lhe luminosos e vagos.
As mãos frias, os lábios secos, e o seio
Arqueja como gazela perseguida.

X

E agora ela é saída. Ouvi como o falar se cala
E logo estala em onda de falar!
Agora ela saiu para onde os convidados
Fitam o ela não ousar fitá-los.
O sol quente brilha lá fora.
Um suado oleoso de quente vida pousa
Na face do dia nesta hora.
Uma alegria louca é presa no poder contido de cada coisa quente.

XI

Hang with festoons and wreaths and coronals
The corridors and halls!
Be there all round the sound of gay bells ringing!
Let there be echoing singing!
Pour out like a libation all your joy!
Shout, even ye children, little maid and boy
Whose belly yet unfurred yet whitely decks
A sexless thing of sex!
Shout out as if ye knew what joy this is
You clap at in such bliss!

XII

This is the month and this the day.
Ye must not stay.
Sally ye out and in warm clusters move
To where beyond the trees the belfry's height
Does in the blue wide heaven a message prove,
Somewhat calm, of delight.
Now flushed and whispering loud sally ye out
To church! The sun pours on the ordered rout,
And all their following eyes clasp round the bride:
They feel like hands her bosom and her side;
Like the inside of the vestment next her skin,
They round her round and fold each crevice in;
They lift her skirts up, as to tease or woo
The cleft hid thing below;
And this they think at her peeps in their ways
And in their glances plays.

XI

Enfeitai de festões e grinaldas e coroas
Os corredores e as salas!
Que haja por toda a parte o som de alegres sinos vibrando!
Que haja cantares ecoando!
Derramai como libação a vossa alegria inteira!
Gritai mesmo vós, ó crianças, menina e rapaz,
Cujos ventres sem pêlo brancamente guardam
Uma assexuada coisa de sexo!
Berrai como se soubésseis que alegria é esta
Que aplaudis em tanta beatitude!

XII

É este o mês e é este o dia.
Não podeis ficar.
Saí para fora e em ardentes grupos ide
Lá onde entre as árvores uma altura de torre
No vasto céu azul uma mensagem prova,
Algo calma, de gozo.
Agora agitados e murmurando alto, saí
Para a igreja! O sol derrama-se na ordenada rota,
E todos os olhos que a seguem agarram-se em torno à noiva:
Apalpam como mãos o seio dela e os flancos;
Como o interior da roupa rente à sua pele,
Rodeiam-na por todos os lados e cada prega penetram;
As saias lhe levantam, como a desafiar ou tentar
A racha oculta por baixo;
E este pensarem nela espreita em gestos deles
E nos relances brinca.

XIII

No more, no more of church or feast, for these
Are outward to the day, like the green trees
That flank the road to church and the same road
Back from the church, under a higher sun trod.
These have no more part than a floor or wall
In the great day's true ceremonial.
The guests themselves, no less than they that wed,
Hold these as nought but corridors to bed.
So are all things, that between this and dark
Will be passed, a dim work
Of minutes, hours seen in a sleep, and dreamed
Untimed and wrongly deemed.
The bridal and the walk back and the feast
Are all for each a mist
Where he sees others through a blurred hot notion
Of drunk and veined emotion,
And a red race runs through his seeing and hearing,
A great carouse of dreams seen each on each,
Till their importunate careering
A stopped, half-hurting point of mad joy reach.

XIV

The bridegroom aches for the end of this and lusts
To know those paps in sucking gusts,
To put his first hand on that belly's hair
And feel for the lipped lair,
The fortress made but to be taken, for which
He feels the battering ram grow large and itch.
The trembling glad bride feels all the day hot
On that still cloistered spot
Where only her nightly maiden hand did feign

140

XIII

Não mais, não mais de igreja ou festa, pois que isto
É exterior ao dia, como as verdes árvores
Que bordejam o caminho para a igreja, e como esse caminho
Na volta da igreja, sob mais alto sol pisado.
Isto não é mais parte do que o chão ou as paredes
Da vera cerimónia deste grande dia.
Os próprios convidados, não menos que quem casa,
Isto não têm em mais que corredores para a cama.
E assim todas as coisas, entre isto e o escurecer
Passadas, um vago trabalhar
De minutos, horas em sono vistas, e sonhadas
Fora de tempo e erradamente entrevistas.
O casamento e o regresso e o banquete
São para todos uma névoa
Em que cada um vê os outros como difusa quente ideia
De ébria emoção nas veias,
E uma rubra corrida se precipita na vista e no ouvido,
Um grande festival de sonhos de um a outro vistos,
Até que deles a carreira importuna
Um detido e quase dorido ponto de alegria louca toca.

XIV

O noivo anseia pelo fim de tudo isto no cio
De conhecer essas entranhas em chupados sorvos,
De pôr primeira mão nesse cabelo do ventre
E apalpar o fojo labiado,
A fortaleza feita para ser tomada, e pela qual
Sente o aríete engrossar e doer de desejo.
A trémula alegre noiva sente todo o calor do dia
Nesse lugar ainda enclaustrado
Onde a sua virginal mão nocturna fingia

141

A pleasure's empty gain.
And, of the others, most will whisper at this,
Knowing the spurt it is;
And children yet, that watch with looking eyes,
Will now thrill to be wise
In flesh, and with big men and women act
The liquid tickling fact
For whose taste they'll in secret corners try
They scarce know what still dry.

XV

Even ye, now old, that to this come as to
Your past, your own joy throw
Into the cup, and with the younger drink
That which now makes you think
Of what love was when love was. (For not now
Your winter thoughts allow).
Drink with the hot day, the bride's sad joy and
The bridegroom's haste inreined,
The memory of that day when ye were young
And, with great paeans sung
Along the surface of the depths of you,
You paired and the night saw
The day come in and you did still pant close,
And still the half-fallen flesh distending rose.

XVI

No matter now or past or future. Be
Lovers' age in your glee!
Give all your thoughts to this great muscled day
That like a courser tears

Um vazio lucro de prazer.
E dos outros a maior parte é disto que segredará,
Sabendo o rápido trabalho que é;
E as crianças, que observam com ávidos olhos,
Agora antegozam de saber
Da carne, e com homens e mulheres crescidos fazer
O acto coceguento e líquido
Por cujo sabor em cantos escusos tentam
O que mal sabem como é seco ainda.

XV

E mesmo vós, já velhos, que a isto vindes como
Ao passado vosso, lançai vossa alegria
Na taça, e com os mais novos bebei
Aquilo que vos faz pensar
Do que era o amor quando amor era (pois que agora
Hibernais pensamentos o não consentem).
Bebei no dia quente a alegria triste da noiva e
A pressa do noivo sofreada,
A memória desse dia em vossa juventude
E quando, com grandes cânticos entoados
À superfície das profundidades em vós,
Vos haveis acasalado, e a noite viu
O dia chegar, e vós ainda arquejáveis juntos
E ainda a semicaída carne se distendendo erguia.

XVI

Não importa o agora ou passado ou futuro. Sede
Da idade do amor no prazer!
Dai todo o pensamento a este grande musculado dia
Que como um puro-sangue rasga

The bit of Time, to make night come and say
The maiden mount now her first rider bears!
Flesh pinched, flesh bit, flesh sucked, flesh girt around,
Flesh crushed and ground,
These things inflame your thoughts and make ye dim
In what ye say or seem!
Rage out in naked glances till ye fright
Your ague of delight,
In glances seeming clothes and thoughts to hate
That fleshes separate;
Stretch out your limbs to the warm day outside,
To feel it while it bide!
For the strong sun, the hot ground, the green grass,
Each far lake's dazzling glass,
And each one's flushed thought of the night to be
Are all one joy-hot unity.

XVII

In a red bacchic surge of thoughts that beat
On the mad temples like an ire's amaze,
In a fury that hurts the eyes, and yet
Doth make all things clear with a blur around,
The whole group's soul like a glad drunkard sways
And bounds up from the ground!
Ay, though all these be common people heaping
To church, from church, the bridal keeping,
Yet all the satyrs and big pagan haunches
That in taut flesh delight and teats and paunches,
And whose course, trailing through the foliage, nears
The crouched nymph that half fears,
In invisible rush, behind, before
This decent group move, and with hot thoughts store

A meta do Tempo, para que a noite chegue e diga
Que a virginal montada a um primeiro cavaleiro transporta!
Carne beliscada, carne mordida, carne chupada, carne enlaçada,
Carne esmagada e rendida,
Estas coisas inflamam pensamentos e fazem-vos esquecer
O que dizer ou parecer!
Raivai relances nus até que se conforme
A vossa febre enorme,
Em relances que como que odeiam roupas e ideias
Que às carnes separam!
Estendei os membros no quente dia fora,
Para senti-lo enquanto dura!
Porque o forte sol, o campo ardente, a verde relva,
O vidro dardejante de cada lago longínquo,
E a corada ideia de cada um, da noite que há-de ser,
Tudo é uma quente e alegre unidade.

XVII

Em rubra explosão de pensamentos báquicos que batem
Nas loucas têmporas como em tumulto de ira,
Numa fúria que magoa os olhos, e porém
Tudo faz mais claro com um nimbo à volta,
A alma do grupo inteiro como um bêbado feliz vacila
E salta do chão!
Ah, apesar de toda esta gente vulgar amontoando-se
Para a igreja, e de volta da igreja, cortejo nupcial,
Todavia os sátiros e as pagãs vastas ancas
Que em tensa carne se deleitam e em tetas e panças,
E cujo curso, aberto na folhagem, se aproxima
Da ninfa agachada que um pouco se assusta,
Todos, numa invisível corrida, atrás e à frente
Do grupo decente se movem, e com pensamentos ardentes

The passive souls round which their mesh they wind,
The while their rout, loud stumbling as if blind,
Makes the hilled earth wake echoing from her sleep
To the lust in their leap.

XVIII

Io! Io! There runs a juice of pleasure's rage
Through these frames' mesh,
That now do really ache to strip and wage
Upon each others' flesh
The war that fills the womb and puts milk in
The teats a man did win,
The battle fought with rage to join and fit
And not to hurt or hit!
Io! Io! Be drunken like the day and hour!
Shout, laugh and overpower
With clamour your own thoughts, lest they a breath
Utter of age or death!
Now is all absolute youth, and the small pains
That thrill the fillèd veins
Themselves are edged in a great tickling joy
That halts ever ere it cloy.
Put out of mind all things save flesh and giving
The male milk that makes living!
Rake out great peals of joy like grass from ground
In your o'ergrown soul found!
Make your great rut dispersedly rejoice
With laugh or voice,
As if all earth, hot sky and tremulous air
A mighty cymbal were!

Prendem as almas passivas na rede que enrolam,
Enquanto o passo do grupo, em tropel confuso de cegos,
Faz a ondulada terra despertar ecoante do seu sono
Para a luxúria de quanto pulam.

XVIII

Iô! Iô! Eis que escorre um suco de raiva do prazer
Por entre as redes destas formas
Que ora anseiam de verdade por despir-se e lutar
Sobre a carne um do outro
O combate que enche o ventre e deposita leite
Nas tetas que um homem venceu,
A batalha lutada com raiva de unir e ajustar
E não de ferir ou matar!
Iô! Iô! Sede ébrios como o dia e a hora!
Berrai, gargalhai, esmagai
De clamor os próprios pensamentos, que não digam
Um suspiro sequer de idade ou morte!
Agora é tudo juventude absoluta, e as dores pequenas
Que trilam as veias plenas
São elas mesmas tensas numa imensa alegria palpitante
Que se suspende de excesso.
Expulsai da ideia tudo o que não é carne e o dar
Do leite macho que faz a vida!
Rapai repiques de prazer como erva do chão
Encontrada nos matagais da alma!
Fazei que o vosso grande cio dispersamente se alegre
Com risos e vozes,
Como se toda a terra, o céu ardente e o ar que treme
Fossem portentoso címbalo!

Set the great Flemish hour aflame!
Your senses of all leisure maim!
Cast down with blows that joy even where they hurt
The hands that mock to avert!
All things pick up to bed that lead ye to
Be naked that ye woo!
Tear up, pluck up, like earth who treasure seek,
When the chest's ring doth peep,
The thoughts that cover thoughts of the acts of heat
This great day does intreat!
Now seem all hands pressing the paps as if
They meant them juice to give!
Now seem all things pairing on one another,
Hard flesh soft flesh to smother,
And hairy legs and buttocks balled to split
White legs mid which they shift.
Yet these mixed mere thoughts in each mind but speak
The day's push love to wreak,
The man's ache to have felt possession,
The woman's man to have on,
The abstract surge of life clearly to reach
The bodies' concrete beach.
Yet some work of this doth the real day don.
Now are skirts lifted in the servants' hall,
And the whored belly's stall
Ope to the horse that enters in a rush,
Half late, too near the gush.
And even now doth an elder guest emmesh
A flushed young girl in a dark nook apart,
And leads her slow to move his produced flesh.
Look how she likes with something in her heart
To feel her hand work the protruded dart!

XIX

Deitai fogo à grande hora flamenga!
Embotai todo o sentido de repouso!
Lançai a golpes essa alegria mesmo onde eles magoam
As mãos que brincam de evitá-los!
Levai para a cama todas as coisas que convidam
A estar nu qual se quer!
Rasgai, arrancai, como terra quem tesouro busca
Quando a argola do cofre espreita,
Os pensamentos que encobrem pensamentos dos actos do cio,
Que este grande dia incita!
Agora parece que todas as mãos espremem seios como
Se quisessem que o seu suco dêem!
Agora parece que todas as coisas se emparelham,
A carne endurecida sufocando a carne suave,
E pernas peludas e nádegas lançadas para abrir
As brancas pernas entre que se metem.
Contudo estes mistos pensamentos em cada espírito só falam
Do dia o impulso de amor à solta,
Do homem o anseio por ter sentido a posse,
Da mulher o homem de ter sobre,
A maré abstracta da vida claramente inundando
Dos corpos a praia concreta.
E contudo algo disto ao real dia é doado.
Agora saias são levantadas nos quartos das criadas,
E as baias do ventre prostituído
Abrem-se ao cavalo que entra num galope,
Quase tarde, já eminente o jacto.
E mesmo agora um convidado mais velho enreda
Uma rapariga corada em escuro canto à parte,
E fá-la devagar mover a dele carne exposta.
Vede como ela gosta, e algo no seio lhe palpita,
De sentir que a própria mão trabalha o dardo que se avança!

149

XX

But these are thoughts or promises or but
Half the purpose of rut,
And this is lust thought-of or futureless
Or used but lust to ease.
Do ye the circle true of love pretend,
And, what Nature, intend!
Do ye actually ache
The horse of lust by reins of life to bend
And pair in love for love's creating sake!
Bellow! Roar! Stallions be or bulls that fret
On their seed's hole to get!
Surge for that carnal complement that will
Your flesh's young juice thrill
To the wet mortised joints at which you meet
The coming life to greet,
In the tilled womb that will bulge till it do
The plenteous curve of spheric earth renew!

XXI

And ye, that wed to-day, guess these instincts
Of the concerted group in hints
Yourselves from Nature naturally have,
And your good future brave!
Close lips, nude arms, felt breasts and organ mighty,
Do your joy's night work rightly!
Teach them these things, O day of pomp of heat!
Leave them in thoughts such as must make the feat
Of flesh inevitable and natural as
Pissing when wish doth press!
Let them cling, kiss and fit
Together with natural wit,

XX

Mas isto são ideias ou promessas ou apenas
Meia intenção do cio,
E isto é pensada luxúria ou sem futuro
Ou usada para a luxúria aliviar.
Fazei vós o que o vero círculo do amor pretende,
E o que a Natureza intenta!
Fazei que efectivamente se doa
O cavalo do cio domado nas rédeas da vida
E emparelhai de amor pelo criar de amor!
Relinchai! Mugi! Sede garanhões ou touros que anseiam
Por ter o buraco do seu sémen!
Erguei-vos para o carnal complemento que trilará
O jovem sumo da carne
Na macerada húmida junção em que vos encontrareis
Para saudar a vida por vir,
No ventre coberto que inchará até
Renovar a plena curva da esférica terra!

XXI

E vós, que casais hoje, adivinhai os instintos
Do concertado grupo em alusões
Que vós da Natureza naturalmente recebeis,
E vosso futuro belamente desafiai!
Lábios colados, braços nus, sentidos seios, órgão teso,
Fazei perfeitamente a vossa obra de uma noite de alegria!
Ensina-lhes estas coisas, ó dia da pompa do cio!
Deixa-os em pensamentos que tornem o acto
Da carne inevitável e natural como
O mijar quando a vontade aperta!
Que se agarrem, se beijem, se ajustem
Os dois com natural argúcia,

And let the night, coming, teach them that use
For youth is in abuse!
Let them repeat the link, and pour and pour
Their pleasure till they can no more!
Ay, let the night watch over their repeated
Coupling in darkness, till thought's self, o'erheated,
Do fret and trouble, and sleep come on hurt frames,
And, mouthing each one's names,
They in each other's arms dream still of love
And something of it prove!
And, if they wake, teach them to recommence,
For an hour was far hence;
Till their contacted flesh, in heat o'erblent
With joy, sleep sick, while, spent
The stars, the sky pale in the East and shiver
Where light the night doth sever,
And with clamour of joy and life's young din
The warm new day come in.

LISBON, 1913.

152

E que a noite chegando lhes ensine esse uso
Porque a juventude é de abuso!
Que repitam o enlaçar, e vertam e vertam
O prazer até que já não possam mais!
Ah, que a noite seja a sentinela do seu repetido
Unirem-se na treva, até que o ser do pensamento, de mais do que
                                                    [excitado,
Se exaura e perturbe, e o sono venha às formas contundidas,
E eles, murmurando os nomes um do outro,
Nos braços um do outro ainda de amor sonhem
E algo dele provem!
E, se acordam, ensina-os a recomeçar,
Porque uma hora foi já tão longe;
Até que a carne contactada, em cio esmagada
De gozo, adormeça tonta, enquanto, já gastos
Os astros, o céu empalideça no Oriente e se arrepie
Lá onde a luz a noite separa,
E no estrondo jovem da vida e num clamor de alegria
Venha vindo quente o novo dia.

LISBOA, 1913

35 SONNETS

35 SONETOS

Trad. de: vinte sonetos por JORGE DE SENA;
seis por JORGE DE SENA e ADOLFO CASAIS
MONTEIRO; oito por ADOLFO CASAIS MON-
TEIRO; e um por JOSÉ BLANC DE PORTUGAL.

I

Whether we write or speak or do but look
We are ever unapparent. What we are
Cannot be transfused into word or book.
Our soul from us is infinitely far.
However much we give our thoughts the will
To be our soul and gesture it abroad,
Our hearts are incommunicable still.
In what we show ourselves we are ignored.
The abyss from soul to soul cannot be bridged
By any skill of thought or trick of seeming.
Unto our very selves we are abridged
When we would utter to our thought our being.
    We are our dreams of ourselves, souls by gleams,
    And each to each other dreams of others' dreams.

I

Seja falar, escrever, olhar sequer,
Sempre inaparentes somos. Nosso ente
Não pode, verbo ou livro, em si conter.
A alma nos fica longe infindamente.
Pensamentos que dermos ou quisermos
Ser alma nossa em gestos revelada
Coração cerrado fica o que tivermos,
De nós mesmos é sempre ignorada.
Abismos de alma a alma intransponíveis
Por bem pensar ou manha de o parecer.
Ao mais fundo de nós irredutíveis
Quando ao pensar o ser queremos dizer.
Sonhos de nós, as almas lucilantes,
E duns pra outros sonhos doutros antes.

Trad. de José Blanc de Portugal

157

II

If that apparent part of life's delight
Our tingled flesh-sense circumscribes were seen
By aught save reflex and co-carnal sight,
Joy, flesh and life might prove but a gross screen.
Haply Truth's body is no eyable being,
Appearance even as appearance lies,
Haply our close, dark, vague, warm sense of seeing
Is the choked vision of blindfolded eyes.
Wherefrom what comes to thought's sense of life? Nought.
All is either the irrational world we see
Or some aught-else whose being-unknown doth rot
Its use for our thought's use. Whence taketh me
    A qualm-like ache of life, a body-deep
    Soul-hate of what we seek and what we, weep.

III

When I do think my meanest line shall be
More in Time's use than my creating whole,
That future eyes more clearly shall feel me
In this inked page than in my direct soul;
When I conjecture put to make me seeing
Good readers of me in some aftertime,
Thankful to some idea of my being
That doth not even my with gone true soul rime;
An anger at the essence of the world,
That makes this thus, or thinkable this-wise,
Takes my soul by the throat and makes it hurled
In nightly horrors of despaired surmise,
    And I become the mere sense of a rage
    That lacks the very words whose waste might 'suage.

II

Se da vida essa parte aparente de deleite
Que nosso carnal senso abarca fosse vista
Somente por reflexa e co-carnal visão,
Vida, alegria e carne só véus talvez surgissem.
Talvez que a verdade não seja ser visível,
Até como aparência a aparência mente,
E esse quente, obscuro, e vago senso de ver
Talvez de olhos vendados visão seja abortada.
Mas donde então nos vem poder sentir? De nada.
Ou tudo é o irracional visível mundo visto
Ou outra qualquer coisa que em ser ignota perde
Para o pensar seu uso. Tirai então de mim
    O doloroso apego à vida, esse corpóreo
    Ódio-alma a tudo quanto buscamos e choramos.

Trad. de Adolfo Casais Monteiro

III

Quando penso que mais há-de valer
A minha menor linha do que todo
O meu ser; que os olhos futuros hão-de
Conhecer de mim o escrito e não
A mim; e quando conjecturo gratos
Futuros leitores por alguma ideia
Que nem minha verdadeira alma diz —
Um ódio à essência do próprio mundo
Que isto permite, e faz que esteja certo,
Lança mão da minha alma, revolvendo-a
Em nocturnos horrores de apreensão,
    E domina-me um ímpeto de raiva
    Que as palavras não acha em que se diga.

Trad. de Adolfo Casais Monteiro

159

IV

I could not think of thee as piecèd rot,
Yet such.thou wert, for thou hadst been long dead;
Yet thou liv'dst entire in my seeing thought
And what thou wert in me had never fled.
Nay, I had fixed the moments of thy beauty —
Thy ebbing smile, thy kiss's readiness,
And memory had taught my heart the duty
To know thee ever at that deathlessness.
But when I came where thou wert laid, and saw
The natural flowers ignoring thee sans blame,
And the encroaching grass, with casual flaw,
Framing the stone to age where was thy name,
    I knew not how to feel, nor what to be
    Towards thy fate's material secrecy.

V

How can I think, or edge my thoughts to action,
When the miserly press of each day's need
Aches to a narrowness of spilled distraction
My soul appalled at the world's work's time-greed?
How can I pause my thoughts upon the task
My soul was born to think that it must do
When every moment has a thought to ask
To fit the immediate craving of its cue?
The coin I'd heap for marrying my Muse
And build our home i'th' greater Time-to-be
Becomes dissolved by needs of each day's use
And I feel beggared of infinity,
    Like a true-Christian sinner, each day flesh-driven
    By his own act to forfeit his wished heaven.

160

O Grupo de Santo Ildefonso (Museu do Prado, Madrid), gravura que ilustra os *Sketches and Studies in Italy and Greece*, de J. A. Symonds

35 SONNETS

BY

FERNANDO PESSOA

LISBON
1918

Capa de *35 Sonnets*

IV

Não sabia pensar-te como podridão,
E tal tu eras, pois morreste há muito;
Tanto viveste no meu idear vidente,
Que o que já foste em mim nunca fugia.
Fixara instantes da beleza tua —
Sorriso fluido, a prontidão do beijo,
E o grato recordar bem me ensinara
A conhecer-te assim sempre imortal.
Mas, ao chegar onde tu jazes, vi
As flores que, sem culpa, ali te ignoram,
E a relva tão casual que intrusa ajeita
Ao tempo a pedra onde o teu nome estava,
    E que sentir não soube, nem que ser
    Ante o segredo mat'rial do fado.

Trad. de JORGE DE SENA

V

Vão é querer pensar ou querer agir
Quando o triste e premente dia-a-dia
Em mesquinhos cuidados perde a alma
Que os trabalhos do mundo desanimam.
Como dar meu espírito à tarefa
Que a minh'alma crê veio cumprir
Se cada hora exige um pensamento
Para esse urgente fim que a determina?
No dia-a-dia some-se a fortuna
Com que à Musa e a mim erguesse o lar
Onde o maior Futuro se abrigasse.
E sinto-me roubado do Infinito,
    Como o vero Cristão que a carne arrasta
    Ao pecar que lhe fecha o Céu sonhado.

Trad. de ADOLFO CASAIS MONTEIRO

161

VI

As a bad orator, badly o'er-book-skilled,
Doth overflow his purpose with made heat,
And, like a clock, winds with withoutness willed
What should have been an inner instinct's feat;
Or as a prose-wit, harshly poet turned,
Lacking the subtler music in his measure,
With useless care labours but to be spurned,
Courting in alien speech the Muse's pleasure;
I study how to love or how to hate,
Estranged by consciousness from sentiment,
With a thought feeling forced to be sedate
Even when the feeling's nature is violent;
    As who would learn to swim without the river,
    When nearest to the trick, as far as ever.

VII

Thy words are torture to me, that scarce grieve thee —
That entire death shall null my entire thought;
And I feel torture, not that I believe thee,
But that I cannot disbelieve thee not.
Shall that of me that now contains the stars
Be by the very contained stars survived?
Thus were Fate all unjust. Yet what truth bars
An all unjust Fate's truth from being believed?
Conjecture cannot fit to the seen world
A garment of its thought untorn or covering,
Or with its stuffed garb forge an otherworld
Without itself its dead deceit discovering;
    So, all being possible, an idle thought may
    Less idle thoughts, self-known no truer, dismay.

VI

Como o mau orador, demais livresco,
De calor finto inunda o seu propósito,
E, qual relógio, só desdobra em corda
O que ser deveria do imo instinto;
Ou como o prosador feito poeta,
Sem ter no metro a música mais fina,
Inutilmente cuida em conquistar
Da Musa os seus favores em língua estranha;
Eu estudo como odiar e como amar,
Pela consciência alheio ao sentimento,
Com pensado sentir forçado a suave,
Quando, se natural, violento ele fora.
    Qual quem, treinando-se a nadar em seco,
    Ao quase já saber, não sabe nunca.

Trad. de JORGE DE SENA

VII

Teus ditos me torturam, que a ti mal te doem —
Que inteira morte anule minha inteira ideia;
E me torturo, não porque de ti não creia,
Mas porque me é impossível não descrer de ti.
Será isso de mim que ora contem os astros
Pelos contidos astros, pois, sobrevivido?
Seria um Fado injusto. Mas qual a verdade
Que impede um vero Fado injusto de ser crido?
Nenhuma conjectura o visto mundo acerta
De cobrir com vestidos do seu pensamento
Ou de com estofos reforjar um outro mundo
Sem que ao seu morto engano ela mesma descubra;
    Assim, possível tudo, uma ócia ideia perde,
    Cientes de não mais veras, outras que o são menos.

Trad. de JORGE DE SENA

163

VIII

How many masks wear we, and undermasks,
Upon our countenance of soul, and when,
If for self-sport the soul itself unmasks,
Knows it the last mask off and the face plain?
The true mask feels no inside to the mask
But looks out of the mask by co-masked eyes.
Whatever consciousness begins the task
The task's accepted use to sleepness ties.
Like a child frighted by its mirrored faces,
Our souls, that children are, being thought-losing,
Foist otherness upon their seen grimaces
And get a whole world on their forgot causing;
    And, when a thought would unmask our soul's masking,
    Itself goes not unmasked to the unmasking.

IX

Oh to be idle loving idleness!
But I am idle all in hate of me;
Ever in action's dream, in the false stress
Of purposed action never act to be.
Like a fierce beast self-penned in a bait-lair,
My will to act binds with excess my action,
Not-acting coils the thought with raged despair,
And acting rage doth paint despair distraction.
Like someone sinking in a treacherous sand,
Each gesture to deliver sinks the more;
The struggle avails not, and to raise no hand,
Though but more slowly useless, we've no power.
    Hence live I the dead life each day doth bring,
    Repurposed for next day's repurposing.

164

VIII

Ah quantas máscaras e submáscaras,
Usamos nós no rosto de alma, e quando,
Por jogo apenas, ela tira a máscara,
Sabe que a última tirou enfim?
De máscaras não sabe a vera máscara,
E lá de dentro fita mascarada.
Que consciência seja que se afirme,
O aceite uso de afirmar-se a ensona.
Como criança que ante o espelho teme,
As nossas almas, crianças, distraídas,
Julgam ver outras nas caretas vistas
E um mundo inteiro na esquecida causa;
    E, quando um pensamento desmascara,
    Desmascarar não vai desmascarado.

Trad. de JORGE DE SENA

IX

Oh ser ocioso amando a ociosidade!
Mas eu todo me odeio no meu ócio;
Sempre em sonhos de acção, ou no fingir
Intenta acção que nunca será acto.
Como uma fera no covil se enjaula,
Querer agir, de excesso, me a acção prende,
O não agir é desespero em raiva,
Raiva de agir perturba o desespero.
Como alguém que se afunde em treda areia,
Cada gesto de fuga mais o afunda;
Não val' lutar, e de não estrebuchar,
Mais lento fim, não temos nós poder.
    Por isso eu vivo, ao dia, a morta vida,
    Sempre disposto a me dispor depois.

Trad. de JORGE DE SENA

X

As to a child, I talked my heart asleep
With empty promise of the coming day,
And it slept rather for my words made sleep
Than from a thought of what their sense did say.
For did it care for sense, would it not wake
And question closer to the morrow's pleasure?
Would it not edge nearer my words, to take
The promise in the meting of its measure?
So, if it slept, 'twas that it cared but for
The present sleepy use of promised joy,
Thanking the fruit but for the forecome flower
Which the less active senses best enjoy.
    Thus with deceit do I detain the heart
    Of which deceit's self knows itself a part.

XI

Like to a ship that storms urge on its course,
By its own trials our soul is surer made.
The very things that make the voyage worse
Do make it better; its peril is its aid.
And, as the storm drives from the storm, our heart
Within the peril disimperilled grows;
A port is near the more from port we part —
The port whereto our driven direction goes.
If we reap knowledge to cross-profit, this
From storms we learn, when the storm's height doth drive —
That the black presence of its violence is
The pushing promise of near far blue skies.
    Learn we but how to have the pilot-skill,
    And the storm's very might shall mate our will.

X

Como criança, que fôra, o coração embalo
Com o vago prometer do dia de amanhã.
E ele adormece mais porque o falar faz sono
Que por pensar sentidos no falar que digo.
Pois, se os pensara, acaso não acordaria
Para inquirir ao certo os gozos de amanhã?
Não cingiria o jeito das palavras para
A promessa conter na forma que medisse?
E assim, se dorme, apenas é por se entregar
Ao de hoje sono que há na prometida festa,
Agradecendo o fruto pela prévia flor
Que os sonos menos acordados melhor gozam.
    Eis que de enganos só meu coração detenho
    Do qual o mesmo engano sabe que é uma parte.

Trad. de JORGE DE SENA

XI

Tal como o barco voa corrido da tormenta
Aprende a nossa alma das provações que passa.
Aquelas mesmas coisas que dela são o risco
Por tais a melhor tornam; o perigo é a sua ajuda.
E como o temporal repele da tormenta
No perigo o coração do perigo se liberta;
Um porto está mais perto que o donde partimos —
O porto para onde a rota nos conduz.
Se conhecer nos é dalgum proveito, isto
Da tormenta aprendemos, quando mais ela ferve,
Que a presença escura da sua raiva é
Promessa adivinhada de um céu azul para breve.
    Assim tenhamos nós a arte do piloto,
    E da tormenta a força ao nosso querer é igual.

Trad. de ADOLFO CASAIS MONTEIRO

XII

As the lone, frightèd user of a night-road
Suddenly turns round, nothing to detect,
Yet on his fear's sense keepeth still the load
Of that brink-nothing he doth but suspect;
And the cold terror moves to him more near
Of something that from nothing casts a spell,
That, when he moves, to fright more is not there,
And's only visible when invisible:
So I upon the world turn round in thought,
And nothing viewing do no courage take,
But my more terror, from no seen cause got,
To that felt corporate emptiness forsake,
    And draw my sense of mystery's horror from
    Seeing no mystery's mystery alone.

XIII

When I should be asleep to mine own voice
In telling thee how much thy love's my dream,
I find me listening to myself, the noise
Of my words othered in my hearing them.
Yet wonder not: this is the poet's soul.
I could not tell thee well of how I love,
Loved I not less by knowing it, were all
My self my love and no thought love to prove.
What consciousness makes more by consciousness,
It makes less, for it makes it less itself.
My sense of love could not my love rich-dress
Did it not for it spend love's own love-pelf.
    Poet's love's this (as in these words I prove thee):
    I love my love for thee more than I love thee.

XII

Qual quem vai só, com medo, por nocturna estrada
De súbito se volta para nada ver,
Mas no senso do medo guarda o peso ainda
Desse nada abeirado que suspeita apenas;
E o terror frio o leva para bem mais perto
De algo que lá do nada lhe fascínio lança,
E que, quando el' se move, pra assustá-lo mais,
Não está, e apenas é visível, se invisível:
Assim em pensamento volto-me no mundo,
E nada nele vendo não ganho coragem,
Mas meu terror maior, por a não vista causa,
A tal corpóreo pressentido vácuo entrego,
    E o senso meu do horror de haver mistério eu tiro
    De, sozinho, não ver mistério do mistério.

Trad. de JORGE DE SENA

XIII

Surdo que eu fosse à voz em que te digo
Ser tudo a quanto aspiro o teu amor,
Ainda me escutaria a mim, ao ruído
Das minhas frases, outras ao ouvi-las.
Não pasmes: tal é a alma dos poetas.
Só posso dizer bem como te quero
Por menos amar de o saber, embora
Eu fosse amor apenas, e pensá-lo.
O que a consciência aumenta p'la consciência,
Tornando-o menos ele o diminui.
Como cantar o amor senão roubando
Sua própria riqueza pra o fazer?
    Assim ama o poeta (como provo):
    Amo, mais que a ti, meu amor por ti.

Trad. de ADOLFO CASAIS MONTEIRO

169

XIV

We are born at sunset and we die ere morn,
And the whole darkness of the world we know,
How can we guess its truth, to darkness born,
The obscure consequence of absent glow?
Only the stars do teach us light. We grasp
Their scattered smallnesses with thoughts that stray,
And, though their eyes look through night's complete mask,
Yet they speak not the features of the day.
Why should these small denials of the whole
More than the black whole the pleased eyes attract?
Why what it calls «worth» does the captive soul
Add to the small and from the large detract?
    So, out of light's love wishing it night's stretch,
    A nightly thought of day we darkly reach.

XV

Like a bad suitor desperate and trembling
From the mixed sense of being not loved and loving,
Who with feared longing half would know, dissembling
With what he'd wish proved what he fears soon proving,
I look with inner eyes afraid to look,
Yet perplexed into looking, at the worth
This verse may have and wonder, of my book,
To what thoughts shall't in alien hearts give birth.
But, as he who doth love, and, loving, hopes,
Yet, hoping, fears, fears to put proof to proof,
And in his mind for possible proofs gropes,
Delaying the true proof, lest the real thing scoff,
    I daily live, i'th' fame I dream to see,
    But by my thought of others' thought of me.

XIV

Nados ao pôr do Sol e mortos de manhã,
Do mundo a treva inteira apenas conhecemos;
Dele a verdade como intuir, nados por treva,
Na consequência obscura de um claror ausente?
Só estrelas nos dão luz. Apreendemos delas
Com pensamento longo a pequenez dispersa,
Que da nocturna máscara espreitando embora,
Não menos nunca dizem as feições do dia.
Porque hão-de estas pequenas negações do todo
Prender mais que esse todo o seduzido olhar?
Porque a cativa alma há-de acrescentar valor
Ao que mais é pequeno e retirá-lo ao grande?
    Assim, no amor da luz ansiando-a noite imensa,
    Só possuímos nocturna uma noção do dia.

Trad. de JORGE DE SENA

XV

Como o que mal corteja desespera e treme
No senso misto de não ser amado e amar,
Ou, com temente anseio do semi-saber,
As mesmas provas teme e das que quer disfarça,
Olho, por olhos íntimos de olhar medrosos,
Mas tentados a olhar, que vária dignidade
Estes meus versos tenham, e de meu livro peso
Que ideias vai gerar em corações alheios.
E, todavia, qual o que ama amando espera,
Espera temeroso, e teme comprovar,
E no espírito busca outras possíveis provas,
Menos a decisiva, que o real troçara:
    Na glória que ver sonho, os dias vou vivendo,
    Apenas por pensar o que de mim se pensa.

Trad. de JORGE DE SENA

171

XVI

We never joy enjoy to that full point
Regret doth wish joy had enjoyèd been,
Nor have the strength regret to disappoint
Recalling not past joy's thought, but its mien.
Yet joy was joy when it enjoyèd was
And after-enjoyed when as joy recalled,
It must have been joy ere its joy did pass
And, recalled, joy still, since its being-past galled.
Alas! All this is useless, for joy's in
Enjoying, not in thinking of enjoying.
Its mere though-mirroring gainst itself doth sin.
By mere reflecting solid life destroying.
    Yet the more thought we take to thought to prove
    It must not think, doth further from joy move.

XVII

My love, and not I, is the egoist.
My love for thee loves itself more than thee;
Ay, more than me, in whom it doth exist,
And makes me live that it may feed on me.
In the country of bridges the bridge is
More real than the shores it doth unsever;
So in our world, all of Relation, this
Is true — that truer is Love than either lover.
This thought therefore comes lightly to Doubt's door —
If we, seeing substance of this world, are not
Mere Intervals, God's Absence and no more,
Hollows in real Consciousness and Thought.
    And if 'tis possible to Thought to bear this fruit,
    Why should it not be possible to Truth?

XVI

Jamais o gozo goza àquele ponto extremo
Que a saudade requer gozado fosse o gozo,
Nem ela tem poder que frustre o recordar
Não do passado gozo a ideia, mas a imagem.
Mas por ter sido gozo quando foi gozado
E ainda post-gozado como tal lembrado,
Gozo teve que ser antes de ser passado
E gozo ao recordar, pois ser passado dói.
Ai! De que val' tudo isto, já que o gozo está
Não em pensar o gozo mas em só gozá-lo.
Seu reflectir-se em ideia contra el' próprio peca
Pois de só reflectir destrói a vida sólida.
    Mas quanto mais pensamos em pensar provar
    Não se dever pensar, do gozo mais fugimos.

Trad. de ADOLFO CASAIS MONTEIRO
e JORGE DE SENA

XVII

O meu amor, não eu, é o egoísta,
Que mais se ama a si do que a ti;
Ai, mais do que a mim, onde ele existe,
E dá-me vida para o sustentar.
Na pátria das pontes, uma ponte
É mais real que as margens que reúne;
E, neste mundo de Relação, isto
É vero: ser mais vero amor que amante.
Aceita pois a dúvida sejamos
Nós, do mundo a vidente substância,
Mero Intervalo, Ausência de Deus, nada —
Vazios na real Consciência abertos.
    E se tal fruto o Pensamento sofre,
    Certamente a Verdade há-de aceitá-lo.

Trad. de ADOLFO CASAIS MONTEIRO

XVIII

Indefinite space, which, by co-substance night,
In one black mystery two void mysteries blends;
The stray stars, whose innumerable light
Repeats one mystery till conjecture ends;
The stream of time, known by birth-bursting bubbles;
The gulf of silence, empty even of nought;
Thought's high-walled maze, which the outed owner troubles
Because the string's lost and the plan forgot:
When I think on this and that here I stand,
The thinker of these thoughts, emptily wise,
Holding up to my thinking my thing-hand
And looking at it with thought-alien eyes,
 The prayer of my wonder looketh past
 The universal darkness lone and vast.

XIX

Beauty and love let no one separate,
Whom exact Nature did to each other fit,
Giving to Beauty love as finishing fate
And to Love beauty as true colour of it.
Let he but friend be who the soul finds fair,
But let none love outside the body's thought,
So the seen couple's togetherness shall bear
Truth to the beauty each in the other sought.
I could but love thee out of mockery
Of love and thee and mine own ugliness;
Therefore thy beauty I sing and wish not thee,
Thanking the Gods I long not out of place,
 Lest, like a slave that for kings' robes doth long,
 Obtained, shall with mere wearing do them wrong.

XVIII

Indefinido espaço, que, por noite afim,
Vácuos enigmas dois num negro enigma junta;
Astros dispersos, cuja inumerável luz
Repete um enigma além das conjecturas findas;
Rio do tempo, havido em nascituras bolhas;
Abismo de silêncio, nem por nada enchido;
Labirinto de ideias de que o dono é expulso
Porque perdido é o fio e foi esquecido o plano:
Quando medito nisto e em como estou aqui,
Vazio pensador destas ideias sábias,
Erguendo ao pensamento a minha mão que é coisa,
Fitando-a com meus olhos de pensar alheado,
    A oração do espanto fita para lá
    Da treva universal tão solitária e vasta.

Trad. de JORGE DE SENA

XIX

Que da beleza amor ninguém separe,
Que a exacta Natureza um de outro os fez,
Dando à Beleza amor como destino
E a Amor beleza como vera cor.
Amigo seja o que alma julga bela,
E ninguém ame para além do corpo,
Que o visto por unido assim dará
Verdade ao belo em cada qual buscado.
Só poderia amar-te por escárnio
De amor, de ti, de minha fealdade;
E sem desejo pois tua beleza
Eu canto, em meu lugar graças aos Deuses,
    Não como o escravo que por reais trajos
    Anseia, e só de usá-los os corrompe.

Trad. de JORGE DE SENA

175

XX

When in the widening circle of rebirth
To a new flesh my travelled soul shall come,
And try again the unremembered earth
With the old sadness for the immortal home,
Shall I revisit these same differing fields
And cull the old new flowers with the same sense,
That some small breath of foiled remembrance yields.
Of more age than my days in this pretence?
Shall I again regret strange faces lost
Of which the present memory is forgot
And but in unseen bulks of vagueness tossed
Out of the closed sea and black night of Thought?
    Were thy face one, what sweetness will't not be.
    Though by blind feeling, to remember thee!

XXI

Thought was born blind, but Thought knows what is seeing.
Its careful touch, deciphering forms from shapes,
Still suggests form as aught whose proper being
Mere finding touch with erring darkness drapes.
Yet whence, except from guessed sight, does touch teach
That touch is but a close and empty sense?
How does more touch, self-uncontented, reach
For some truer sense's whole intelligence?
The thing once touched, if touch be now omitted,
Stands yet in memory real and outward known,
So the untouching memory of touch is fitted
With sense of a sense whereby far things are shown
    So, by touch of untouching, wrongly aright,
    Touch' thought of seeing sees not things but Sight.

XX

Quando no ampliante círculo do renascer
A nova carne vier minha alma viajada,
E de novo tentar a deslembrada terra
Com a saudade antiga da pátria imortal,
Hei-de revisitar os mesmos prados vários,
Colher por novas flores as velhas com o sentido,
Que um hálito de frustre recordar detém,
De mais idade então do que serão meus dias?
Lamentarei de novo estranhos rostos idos
Dos quais a actual memória já está esquecida
E só em vaguidões invisas se projecta
Fora do mar fechado e noite do Pensar?
    Fosse uma a tua face, e qual doçura fôra,
    Em cego sentimento embora, o recordar-te!

Trad. de JORGE DE SENA

XXI

Pensar cego nasceu, mas sabe o que ver é.
Seu cauto toque, formas e contornos lendo,
Inda sugere a forma como algo que o ser
O mero tacto veste em escuridade errante.
Se não da vista adivinhada, o tacto ensina
Que o tacto apenas é fechado e vácuo senso?
Como, de si incréu, mero tocar atinge
Da inteligência toda um mais vero sentido?
A coisa que é tocada, ora omitida ao toque,
Na memória é que fica, real e só exterior,
Assim o intocante recordar do toque
É senso de um sentido que às distantes coisas
    Mostra, tacto do intacto, tão erradi-certas,
    Que o pensar-ver do tacto as não vê mas Visão.

Trad. de JORGE DE SENA

XXII

My soul is a stiff pageant, man by man,
Of some Egyptian art than Egypt older,
Found in some tomb whose rite no guess can scan,
Where all things else to coloured dust did moulder.
Whate'er its sense may mean, its age is twin
To that of priesthoods whose feet stood near God,
When knowledge was so great that 'twas a sin
And man's mere soul too man for its abode.
But when I ask what means that pageant I
And would look at it suddenly, I lose
The sense I had of seeing it, nor can try
Again to look, nor hath my memory a use
    That seems recalling, save that it recalls
    An emptiness of having seen those walls.

XXIII

Even as upon a low and cloud-domed day,
When clouds are one cloud till the horizon,
Our thinking senses deem the sun away
And say «'tis sunless» and «there is no sun»;
And yet the very day they wrong truth by
Is of the unseen sun's effluent essence,
The very words do give themselves the lie,
The very thought of absence comes from presence:
Even so deem we through Good of what is evil.
He speaks of light that speaks of absent light,
And absent god, becoming present devil,
Is still the absent god by essence' right.
    The withdrawn cause by being withdrawn doth get
    (Being thereby cause still) the denied effect.

178

XXII

Minh'alma são figuras que perpassam hirtas,
De alguma arte do Egipto mais que Egipto velha,
Achadas numa tumba de ignorado rito,
Onde em pó colorido o mais já se desfez.
Que quer que signifiquem, sua idade é gémea
De padres cujos pés perto de Deus pisavam,
Quando o saber, de grande, era por si pecado
E homem de mais, ao corpo, a simples alma humana.
Mas quando inquira o que é tal figurado eu,
E o fitasse de súbito, o sentido perco
Que tinha de o ter visto, nem já sei tentar
Olhá-lo uma vez mais, nem a memória tem
    Um jeito como de invocar, salvo que invoca
    Um vácuo de ter visto essas paredes antes.

Trad. de JORGE DE SENA

XXIII

Como de um dia rente e de forrada curva,
Em que as nuvens são uma até ao horizonte,
Nosso pensante senso julga o sol perdido
E diz que «não há sol» ou que «sem sol estamos»;
E todavia o dia que el' falseia certo
É desse inviso sol a própria efluxa essência,
Por veras, as palavras a si próprias mentem,
Da ausência a mesma ideia vem de estar presente:
Ainda que, além do Bem, do que é só mal supomos.
Fala da luz quem fala de uma ausente luz,
E deus ausente, que demónio actual se torna,
É sempre o deus ausente por de essência jus.
    A retirada causa, ao sê-lo, mais consegue
    (Sendo que é causa ainda) o denegado efeito.

Trad. de JORGE DE SENA

179

XXIV

Something in me was born before the stars
And saw the sun begin from far away.
Our yellow, local day on its wont jars,
For it hath communed with an absolute day.
Through my Thought's night, as a worn robe's heard trail
That I have never seen, I drag this past
That saw the Possible like a dawn grow pale
On the lost night before it, mute and vast.
It dates remoter than God's birth can reach,
That had no birth but the world's coming after.
So the world's to me as, after whispered speech,
The cause-ignored sudden echoing of laughter.
    That 't has a meaning my conjecture knows,
    But that 't has meaning's all its meaning shows.

XXV

We are in Fate and Fate's and do but lack
Outness from soul- to know ourselves its dwelling,
And do but compel Fate aside or back
By Fate's own immanence in the compelling.
We are too far in us from outward truth
To know how much we are not what we are,
And live but in the heat of error's youth,
Yet young enough its acting youth to ignore.
The doubleness of mind fails us, to glance
At our exterior presence amid things,
Sizing from otherness our countenance
And seeing our puppet will's act-acting strings.
    An unknown language speaks in us, which we
    Are at the words of, fronted from reality.

180

XXIV

Alguma coisa em mim nasceu antes dos astros
E viu, lá muito ao longe, começar o sol.
Fusco, local, e nosso, o dia range no hábito,
Por já ter comungado um dia absoluto.
Pela noite mental, como de vestes cauda
Ruge, que nunca vi, arrasto este passado
Que viu qual primo alvor o Possível dealbar
Sobre a noite anterior, perdida, muda e vasta.
Vem de mais longe que o nascer de Deus alcança,
Cujo nascer é só ter vindo o mundo após.
O mundo é pois pra mim como, dito um murmúrio,
Súbito ecoar dum riso de ignorada causa.
    Que isto tem um sentido, a conjectura sabe,
    Mas ter sentido é quanto o seu sentido mostra.

Trad. de ADOLFO CASAIS MONTEIRO
e JORGE DE SENA

XXV

Do Fado e nele somos e nos falta só,
Para lar seu nos vermos, um exterior à alma,
E o Fado compelimos a desviar-se apenas
Pela imanência del' no compelir fatal.
De extraverdade somos de mais longe em nós
Para sabermos quanto o que somos não somos,
E vivemos no ardor da juventude do erro,
Porém jovens bastante pra ignorá-la actuante.
Duplicidade falta-nos, para atentarmos
Em nosso estar lá fora no meio das coisas,
Da alteridade à parte o nosso aspecto pondo,
Vendo os cordéis mexer do titerado arbítrio.
    Uma ignota linguagem fala em nós, em cujas
    Palavras inda estamos, contra o real voltados.

Trad. de JORGE DE SENA

XXVI

The world is woven all of dream and error
And but one sureness in our truth may lie —
That when we hold to aught our thinking's mirror
We know it not by knowing it thereby.
For but one side of things the mirror knows,
And knows it colded from its solidness.
A double lie its truth is; what it shows
By true show's false and nowhere by true place.
Thought clouds our life's day-sense with strangeness, yet
Never from strangeness more than that it's strange
Doth buy our perplexed thinking, for we get
But the words' sense from words — knowledge, truth, change.
    We know the world is false, not what is true.
    Yet we think on, knowing we ne'er shall know.

XXVII

How yesterday is long ago! The past
Is a fixed infinite distance from to-day,
And bygone things, the first-lived as the last,
In irreparable sameness far away.
How the to-be is infinitely ever
Out of the place wherein it will be Now,
Like the seen wave yet far up in the river,
Which reaches not us, but the new-waved flow!
This thing Time is, whose being is having none,
The equable tyrant of our different fates,
Who could not be bought off by a shattered sun
Or tricked by new use of our careful dates.
    This thing Time is, that to the grave will bear
    My heart, sure but of it and of my fear.

XXVI

O mundo é teia urdida só de sonho e de erro
E uma certeza apenas tem nossa verdade —
Que quando perscrutamos o mental espelho
Nada sabemos nele por saber dali.
Das coisas um só lado é quanto o espelho sabe,
E o sabe congelado em solidez perdida.
Dupla mentira é pois sua verdade; o que
Seu mostrar mostra vero é falso e está nenhures.
Pensar enubla o momentâneo senso
Co' uma estranheza, e nunca que o ser estranho mais
O idear perplexo obtem: tiramos das palavras,
Vero, mudável, certo, só o sentido delas.
    Sabemos falso o mundo, não o que é verdade.
    Mas pensamos, sabendo que jamais sabemos.

Trad. de ADOLFO CASAIS MONTEIRO
e JORGE DE SENA

XXVII

Como ontem é há muito! Que o passado
É de hoje uma distância fixa, infinda,
E as idas coisas, próximas ou não,
Irreparável semelhança longe.
Como, infinitamente, o que há-de ser
Tão fora está de onde será o Agora,
Qual onda vista ainda rio acima
Só nos atinge no re-ondeado fluxo!
O Tempo é isto, sendo de não ser,
Tirano igual de nossos vários fados,
Que não pode comprar-se em sóis partidos,
Ou com novas usanças cuidadosas.
    O Tempo é isto, e ao túmulo nos leva,
    Apenas certos dele e nosso medo.

Trad. de JORGE DE SENA

XXVIII

The edge of the green wave whitely doth hiss
Upon the wetted sand. I look, yet dream.
Surely reality cannot be this!
Somehow, somewhere this surely doth but seem!
The sky, the sea, this great extent disclosed
Of outward joy, this bulk of life we feel,
Is not something, but something interposed.
Only what in this is not this is real.
If this be to have sense, if to be awake
Be but to see this bright, great sleep of things,
For the rarer potion mine own dreams I'll take
And for truth commune with imaginings,
     Holding a dream too bitter, a too fair curse,
     This common sleep of men, the universe.

XXIX

My weary life, that lives unsatisfied
On the foiled off-brink of being e'er but this,
To whom the power to will hath been denied
And the will to renounce doth also miss;
My sated life, with having nothing sated,
In the motion of moving poisèd aye,
Within its dreams from its own dreams abated —
This life let the Gods change or take away.
For this endless succession of empty hours,
Like deserts after deserts, voidly one,
Doth undermine the very dreaming powers
And dull even thought's active inaction,
     Tainting with fore-unwilled will the dreamed act
     Twice thus removed from the unobtained fact.

XXVIII

Espraia-se em espuma a onda verde
Sobre a areia molhada. Eu olho, e cismo.
Não é isto o real, decerto! Algures
Se vê ser isto apenas aparência.
Céu, mar, esta vasta alegria externa,
Este peso de vida que sentimos,
Não é algo real, mas só um véu.
Real, só o que nisto não é isto.
Se nisto houver sentido, e se é vigília
Viver das coisas este sonho claro
Como de mais valor terei sonhar
E mais real o mundo imaginário,
    Mas sonho pavoroso, atroz insulto,
    Este sono da gente, o universo.

Trad. de ADOLFO CASAIS MONTEIRO

XXIX

Minha cansada vida, insatisfeita
Deste frustrado andar que não caminha;
Que de não saber querer tudo enjeita
Nem à renúncia soube fazer minha;
De não se saciar me saciando
Na moção de mover sempre detida,
No próprio sonho alheia ao ir sonhando —
Seja mudada, ou por vós, Deuses, tida.
Que este infindo volver de desalento,
Desertos e desertos renovando,
Anula o próprio inerte pensamento,
À própria força de sonhar matando.
    No prévio desistir assim banido
    Duas vezes o acto inconseguido.

Trad. de ADOLFO CASAIS MONTEIRO

185

XXX

I do not know what truth the false untruth
Of this sad sense of the seen world may own,
Or if this flowered plant bears also a fruit
Unto the true reality unknown.
But as the rainbow, neither earth's nor sky's,
Stands in the dripping freshness of lulled rain,
A hope, note real yet not fancy's, lies
Athwart the moment of our ceasing pain.
Somehow, since pain is felt yet felt as ill,
Hope hath a better warrant than being hoped;
Since pain is felt as aught we should not feel
Man hath a Nature's reason for having groped,
    Since Time was Time and age and grief his measures,
    Towards a better shelter than Time's pleasures.

XXXI

I am older than Nature and her Time
By all the timeless age of Consciousness,
And my adult oblivion of the clime
Where I was born makes me not countryless.
Ay, and dim through my daylight thoughts escape
Yearnings for that land where my childhood dreamed,
Which I cannot recall in colour or shape
But haunts my hours like something that hath gleamed
And yet is not as light remembered,
Nor to the left or to the right conceived;
And all round me tastes as if life were dead
And the world made but to be disbelieved.
    Thus I my hope on unknown truth lay; yet
    How but by hope do I the unknown truth get?

XXX

Deste, do visto mundo, triste senso ignoro
Que verdade terá sua inverdade falsa,
Ou se a florida planta dá também um fruto
Em na realidade verdadeira ignoto.
Mas como o arco-íris, nem da terra ou céu,
É no frescor gotejante da suspensa chuva,
Uma nem real esp'rança nem imaginária
Cruza o momento em que a nossa dor expira.
Mas visto à dor sentida como um mal sentirmos,
Melhor que ser esp'rada é o penhor da esp'rança;
Pois sentimos a dor qual sentir não devêramos
Razão natural há de o homem ter buscado,
    Desde que o Tempo é Tempo e idade e pena o medem,
    Outro melhor abrigo que os prazeres do Tempo.

Trad. de ADOLFO CASAIS MONTEIRO
e JORGE DE SENA

XXXI

Que a Natureza e dela o Tempo eu sou mais velho
De toda a intemporal idade da Consciência,
E a própria pátria não perdi embora a adulta
Memória o natal clima já tenha esquecido.
Através meus diurnos pensamentos surgem
Anelos pela terra onde sonhei infante,
Se bem a sua forma ou cor já me não lembre,
E me visita sempre como um brilho antigo
Sem nada ter porém de luz que se recorde
Nem concebida coisa à esquerda ou à direita;
Como se tudo em volta a morte me soubesse
E o mundo feito só pra se não crer nele.
    Assim no vero ignoto a esperança ponho; mas
    Aonde que não nela o vero ignoto encontro?

Trad. de ADOLFO CASAIS MONTEIRO e JORGE DE SENA

XXXII

When I have sense of what to sense appears,
Sense is sense ere 'tis mine or mine in me is.
When I hear, Hearing, ere I do hear, hears.
When I see, before me abstract Seeing sees.
I am part Soul part I in all I touch —
Soul by that part I hold in common with all,
And I the spoiled part, that doth make sense such
As I can err by it and my sense mine call.
The rest is wondering what these thoughts may mean,
That come to explain and suddenly are gone,
Like messengers that mock the message' mien,
Explaining all but the explanation;
    As if we a ciphered letter's cipher hit
    And find it in an unknown language , writ.

XXXIII

He that goes back does, since he goes, advance,
Though he doth not advance who goeth back,
And he that seeks, though he on nothing chance
May still by words be said to find a lack.
This paradox of having, that is nought
In the world's meaning of the things it screens,
Is yet true of the substance of pure thought
And there means something by the nought it means.
For thinking nought does on nought being confer,
As giving not is acting not to give,
And, to the same unbribed true thought, to err
Is to find truth, though by its negative.
    So why call this world false, if false to be
    Be to be aught, and being aught Being to be?

188

XXXII

Quando sentido eu tenho do que ao senso surge,
O senso é senso em mim já antes de ser meu.
Quando ouço, o Ouvir, antes que mesmo eu ouça, ouve.
Se vejo, antes de mim o Ver abstracto vê.
Parte Alma eu sou, parte Eu em tudo quanto toco —
Alma pelo que atinjo de comum com tudo,
E Eu a caída parte que faz senso tal
Que posso errar por ele e senso meu chamar-lhe.
O resto é meditar em que significado
Terão explicações que súbitas se somem,
Quais mensageiros rindo da mensagem que
Tudo vem explicar menos a explicação,
    Como se havida a cifra de uma criptocarta,
    Achamos que está escrita numa língua ignota.

Trad. de JORGE DE SENA

XXXIII

O que para trás vai, só porque vai, avança,
Embora não avance quem para trás vai.
E quem procura, embora pelo nada arrisque,
Del' inda se dirá que um vazio encontrou.
De ter o paradoxo, que é não mais que nada
No mundanal sentido das coisas que encobre,
É vero da substância do intelecto puro,
Significando logo ao não significar.
Pois que pensar o nada ao nada o ser confere,
Como não dar é de não dar o acto, e, para
Aquele incorruptível pensamento, errar
É descobrir verdade, embora porque a nega.
    Porque dizer então que o mundo é falso, quando,
    Se é falso é já, e, sendo, o próprio Ser ele é?

Trad. de JORGE DE SENA

XXXIV

Happy the maimed, the halt, the mad, the blind —
All who, stamped separate by curtailing birth,
Owe no duty's allegiance to mankind
Nor stand a valuing in their scheme of worth!
But I, whom Fate, not Nature, did curtail,
By no exterior voidness being exempt,
Must bear accusing glances where I fail,
Fixed in the general orbit of contempt.
Fate, less than Nature in being kind to lacking,
Giving the ill, shows not as outer cause,
Making our mock-free will the mirror's backing
Which Fate's own acts as if in itself shows;
    And men, like children, seeing the image there,
    Take place for cause and make our will Fate bear.

XXXV

Good. I have done. My heart weighs. I am sad.
The outer day, void statue of lit blue,
Is altogether outward, other, glad
At mere being not-I (so my aches construe).
I, that have failed in everything, bewail
Nothing this hour but that I have bewailed,
For in the general fate what is't to fail?
Why, fate being past for Fate, 'tis but to have failed.
Whatever hap or stop, what matters it,
Sith to the mattering our will bringeth nought?
With the higher trifling let us world our wit,
Conscious that, if we do't, that was the lot
    The regular stars bound us to, when they stood
    Godfathers to our birth and to our blood.

190

XXXIV

Feliz o mutilado, o coxo, o louco, o cego —
Os que, por defectivo nascimento à parte,
Vassalagem não devem ao género humano
Nem valor representam na sua hierarquia!
Mas eu que não Natura, mas o Fado encurta,
Por nenhum externo vácuo sendo isento, devo
Acusadores relances suportar, se falho,
Lá do desdém no círculo geral fixado,
Fado, que a Natureza menos generoso,
Ao marcar, não se mostra como causa externa,
Tornando o finto arbítrio esse estanho do espelho
Que do Fado as acções, como se neste, mostra;
     E os homens, quais crianças, vendo a imagem tomam
     O lugar pela causa, e pelo Fado o arbítrio.

Trad. de JORGE DE SENA

XXXV

Bem. Cumpri. Dói-me o coração. 'Stou triste.
Vácua estátua de luminoso azul,
O dia alheio é todo, alegre só
De não ser eu (a minha dor supõe).
E nesta hora, em que falhei em tudo,
Lamento só ter algo lamentado
Pois ao fado comum, o que é falhar?
Hoje ou ontem, o Fado é sempre fado.
Nada importa que seja ou que não seja
Visto em nada a vontade ter poder.
Ao mundo descuidados nos rendamos,
Cônscios de que, se isto fizermos, era
     Dos astros já seu curso, ao presidirem
     Ao nosso nascimento e a nosso sangue.

Trad. de ADOLFO CASAIS MONTEIRO e JORGE DE SENA

191

DISPERSOS

Traduções de JORGE DE SENA

SEPARATED FROM THEE...

Separated from thee, treasure of my heart,
By earth despised, from sympathy free,
Yet winds may quaver and hearts may waver,
I'll never forget thee.

Soft seem the chimes of boyhood sweet
To one who is no more free,
But let winds quaver and men's hearts waver,
I'll never forget thee.

In a dim vision, from school hailing
Myself a boyish form, I see,
And winds have quavered and men's hearts wavered.
But I'll [have] not forgotten thee.

Since first thy form divine I saw,
While from school I came with glee,
Winds have quavered and men's hearts wavered,
But I've [not] forgotten thee.

Since a simple boyish passion
I entertained for thee [,]
Though winds have quavered and men's hearts wavered,
I've [not] forgotten thee.

194

SEPARADO DE TI...

Separado de ti, ó meu tesouro amado,
Da terra desprezado, e além do bem-querer,
Por mais que ventos trilem, corações vacilem,
Nunca te hei-de esquecer.

Suave parece a música da juventude
A quem se deixou prender,
Mas — ah — que ventos trilem, corações vacilem,
Nunca te hei-de esquecer.

Numa visão fugaz, da escola me acenando,
Criança me estou a ver,
E os ventos têm trilado e os corações mudado,
Mas não te hei-de esquecer.

Desde que vi primeiro essa divina forma,
Da escola saindo a correr,
Os ventos têm trilado e os corações mudado,
Mas não te pude esquecer.

Desde que infantil paixão
Eu por ti deixei arder,
Se os ventos têm trilado e os corações mudado,
Eu não te pude esquecer.

The stars shine bright, the moon looks love,
From over the moonlit sea,
Winds have quavered and men's hearts wavered
And thou hast forgotten me.

Separated from thee, treasure of my heart,
By earth despised, from sympathy free,
Yet [winds] may quaver and hearts may waver,
But I'll never forget thee.

MAY 12, 1901

Cintilam as estrelas, e o luar é de amor,
Sobre o mar a escorrer,
Os ventos têm trilado e os corações mudado,
E coube-te esquecer.

Separado de ti, ó meu tesouro amado,
Da terra desprezado, e além do bem-querer,
Por mais que ventos trilem, corações vacilem,
Nunca te hei-de esquecer.

12/Maio/1901

ALENTEJO SEEN FROM THE TRAIN

Nothing with nothing around it
And a few trees in between
None of which very clearly green,
Where no river or flower pays a visit.
If there be a hell, I've found it,
For if ain't here, where the Devil is it?

1907

ALENTEJO VISTO DO COMBOIO

Nada com só nada à volta
E umas árvores à mistura
Nenhuma delas verdura,
Que rio ou flor não enflora.
Se há inferno, dei com ele,
Pois se não é aqui, onde diabo será ele?

ON AN ANKLE

A SONNET BEARING THE IMPRIMATUR
OF THE INQUISITOR-GENERAL
AND OTHER PEOPLE OF DISTINCTION AND DECENCY

I had a revelation not from high,
But from below, when thy skirt awhile lifted
Betrayed such *promise* that I am not gifted
With words that may that view well signify.

And even if my verse that thing would try,
Hard were it, if that work came to be sifted,
To find a word that rude would not have shifted
There from the cold hand of Morality.

To gaze is nought; mere sight no mind hath wrecked.
But oh! sweet lady, beyond what is seen
What things may guess or hint at Disrespect?!

Sacred is not the beauty of a queen...
I from thine ankle did as much suspect
As you from this may suspect what I mean.

(1907?)

200

A UM TORNOZELO

SONETO COM AS LICENÇAS NECESSÁRIAS
DO INQUISIDOR-MOR E DE OUTRA GENTE
DE ALGO E DE DECÊNCIA

Revelação eu tive, e não do Alto,
Mas sim de baixo, quando o teu vestido
Traiu uma tal *promessa*, soerguido,
Que dons não tenho pra significá-la.

Tentassem versos meus matéria tal,
Difícil era, o esforço conseguido,
Achar um termo que não fora tido
Por longe da mão fria da Moral.

Que olhar é nada; em ver não se treslê.
Mas, bela dama, além do que se vê
Que coisas adivinha um atrevido?!

De uma rainha não é sacro o belo...
Eu tanto suspeitei do tornozelo
Quão tu suspeitarás o que eu não digo.

MEANTIME

Far away, far away,
        Far away from here...
There is no worry after joy
        Or away from fear
Far away from here.

Her lips were not very red,
        Nor her hair quite gold.
Her hands played with rings.
        She did not let me hold
Her hands playing with gold.

She is something past,
        Far away from pain.
Joy can touch her not, nor hope
        Enter her domain,
        Neither love in vain.

Perhaps at some day beyond
        Shadows and light
She will think of me and make
        All me a delight
        All away from sight.

INTERVALO

Longe, muito longe,
  Bem longe daqui...
Não há mágoa após o gozo
  Ou do medo fugir
Bem longe daqui.

Seus lábios não muito rubros,
  Cabelo não muito louro.
Mãos brincavam com anéis.
  Que eu pegasse não deixou
Nas mãos brincando com ouro.

Como ela é de outrora,
  E da dor distante.
Gozo a não toca, e esperar
  Não pisa o seu chão,
  Nem o amor em vão.

Para além, talvez que um dia,
  Das sombras a arder,
Ela me pense e me faça
  Um inteiro prazer
  Bem longe do ver.

SPELL

From the moonlit brink of dreams
    I stretch foiled hands to thee,
O borne down other streams
    Than eye can think to see!
O crowned with spirit-beams!
    O veiled spirituality!

My dreams and thoughts abate
    Their pennons at thy feet,
O angel born too late
    For fallen men to meet!
In what new sensual state
    Could our twined lives feel sweet?

What new emotion must
    I dream to think thee mine?
What purity of lust?
    O tendrilled as a vine
Around my caressed trust!
    O dream-pressed spirit-wine!

ENCANTAMENTO

Da fímbria, à lua, dos sonhos,
    Ergo frustres mãos a ti,
Ó levado noutros rios
    Que olhos não pensam ver!
Ó coroado pelo espírito!
    Ó velada esp'ritualidade!

Sonhos e pensares, abatem
    Estandartes a teus pés,
Ó anjo nado tão tarde
    Para os perdidos te terem!
Em que novo sensual estado
    Se enlaçassem nossas vidas?

Que nova emoção eu devo
    Sonhar pra pensar-te meu?
Que pureza de luxúria?
    Ó gavinhado qual vinha
Acariciando-me a fé!
    Vinho do lagar do sonho!

NOTAS AOS TEXTOS E VARIANTES

ANTÍNOO — NOTAS

Verso 4. A tradução do pretérito pelo presente, no tom narrativo, e exigida pela métrica, não será uma liberdade excessiva.

13. «The pressing bands» são as fitas ou bandas dos penteados clássicos.

15. «Bare» pode igualmente estar significando «liso» (depilado), ou «nu», no sentido de exposto em inocência e evidência.

17. A expressão «titilava» é apoiada pela versão primitiva (ver Variantes).

21. A tradução de «lust» por «cio» foi usada pelo próprio Fernando Pessoa na sua tradução do Hino a Pã, de Aleister Crowley (ver Fernando Pessoa — Antologia — introd. e selecção de A. Casais Monteiro, Confluência, 2.ª ed., 1945, pág. 100).

36-7. A regularidade métrica da tradução é aqui infiel à metrificação do texto. Mas, com ela, que se coaduna à de origem o mais possível, pudemos não sacrificar parte destes dois versos.

42-3. É este um dos passos de mais difícil interpretação. Na versão primitiva, com «implore» em vez de «restore», e com «his veins this fortress hold», «careful kisses», além de sujeito de «implore», é, muito provavelmente, também o sujeito de «feel». O sujeito de «hold» é, numa versão ou noutra, sem dúvida «her presence» (presença da vida), se é que «fortress hold» não é expressão criada por sugestão de «stronghold». Na 2.ª versão, o sujeito elidido de «feel» pode ser Antínoo. Assim se preferiu.

69-71. Versos que são um exercício verbal típico do «metafisicismo» do poema. Procurou-se manter o jogo existente.

75. Na tradução, com vantagens métricas e sem perda do sentido, teve de ser suprimida a menção expressa de «in sense».

76. O mesmo sucedeu com «mind's».

91. Subentender-se-á, na tradução em face do texto, que a mão sábia é «love-wise».

95. Este verso que, linguisticamente, não oferece a mínima dificuldade, é, no entanto, de interpretação difícil. A que vem aqui a Pártia? Entendeu-se que as referências clássicas aos Partos o explicam. Com efeito, este povo implantado no que hoje é o moderno Khorasan, região montanhosa a SE. do Mar Cáspio, era famoso pelo seu sistema de combate em retiradas sucessivas e alternadas de ataques, que desgastavam e aniquilavam exauridamente o inimigo. Deste modo, o verso é uma invocação atributiva das carícias de Antínoo, que, pela descrição anterior («flit off yet just remain enough to bleed his last nerve's strand»), analogamente procederiam. Horácio (*Odes*, II, XIII) refere-se expressamente ao temor que o soldado romano tinha da táctica dos Partos. Os Partos haviam sido submetidos ao Império Romano por Augusto. A submissão foi sempre muito precária; e foi Adriano quem, com o seu tacto diplomático, desenvolveu a ficção dos reinos vassalos, muito particularmente aplicada aos Partos, cujo reino se extinguiu cerca de 230 para ser incorporado no império persa dos Sassânidas. Se notarmos que, segundo Dion Cassius, Adriano terá conhecido Antínoo em Bitínion, em 123, quando foi à Ásia Menor prevenir um iminente ataque dos Partos, veremos a subtileza psicológica com que Fernando Pessoa utiliza as informações eruditas acerca das suas personagens (ver Dion Cassius, *Hist. Rom.* LXIX). Mas devemos ainda acrescentar que a táctica da cavalaria parta serviu de base à reorganização militar promovida por Adriano, e da qual é exposição teórica, datada de 136, a «táctica» de Arriano, governador da Capadócia (ver *Histoire Ancienne*, 3ème partie: *Hist. Rom.* — tome III — *Le Haut-Empire*, por Léon Homo, P. U. F., pág. 497).

147. Este verso parece destoar da estrutura antitética daqueles entre os quais está inserido. O da versão primitiva, totalmente diverso, destoava, de facto, por completo. Se «uncontinuings», além de «vaivém», estiver significando «descontinuidades», «pausas», a antítese mantém-se, embora internamente.

159-60. Estes dois versos iluminam-se de uma significativa luz, se nos lembrarmos que Adriano, durante o Inverno de 124-5, estando na Grécia, e muito provavelmente acompanhado por Antínoo de quem era inseparável, se fez iniciar nos mistérios de Elêusis (ver Léon Homo, ob. cit., pág. 483).

171. Não será grande liberdade poética, na tradução, o presente narrativo, logo corrigido pelos pretéritos seguintes.

184. Traduzir «apparel» por «vestes» é, no contexto, perfeitamente autorizado pelo poema ortónimo *Iniciação*, de Fernando Pessoa (*Obras Completas* — vol. I, pág. 235).

187. A tradução apoia-se, interpretativamente, um pouco no verso da 1.ª versão (ver *Variantes*).

190-3. É este um dos passos de mais difícil interpretação — não por profundeza de pensamento, mas por imprecisão de estilo rara em Fernando Pessoa — e para a qual não há o auxílio da versão primitiva, pois que o verso 193 é substituição de outro inteiramente diverso. «To fret from» em paralelo com «to eat from» é mais obscuro que «to fret to pieces» (ver *Variantes*). A tradução apoiou-se numa oscilação entre as duas versões, para se fixar num sentido que, aliás, os versos subsequentes garantem.

201. «Vitória dos Romanos» não é o mesmo que «Roman victory», quando na versão primitiva era, para mais, «Grecian victory». Trata-se de uma vitória *cultural*, civilizacional. A métrica da tradução, todavia, justifica este pequeno desvio.

210-1. «Bright» pode ser qualificativo de «strife» e não de «presence» como se interpretou de acordo com a proximidade sintáctica.

225. Subentende-se, em face do texto, que a «brasa» é a do amor («love's»).

229. Augusto conservou de Júlio César o «cognome», que ficou na dinastia júlio-claudiana, e depois se tornou inerente à dignidade imperial (ver Léon Homo, ob. cit., pág. 58). Só precisamente depois da morte de Adriano, em 138, é que o título de *César* passou a ser usado, exclusivamente, pelos príncipes designados pelos imperadores como sucessores seus ou como colegas de governo (Oskar Seyffert — *Dictionary of Classical Antiquities*, rev. and ed. with

211

additions by H. Nettleship e J. E. Sandys, Nova Iorque, 1958).
Assim, para Adriano, a troca de um título por outro, feita na
tradução, é perfeitamente legítima. O favor dos deuses, ao tor-
narem Adriano imperador, referido neste verso, pode significar a
tão debatida questão — pelas más-línguas do tempo, pelos historia-
dores do reinado e pelos estudiosos mais modernos — da indicação
de Adriano, por Trajano à hora da morte, como seu sucessor.
Depois de ele ter morrido, a imperatriz viúva escreveu ao Senado,
declarando que, ao morrer, ele designara Adriano (neto de uma
tia de Trajano, casado com uma sobrinha-neta deste imperador,
seu pupilo e espanhol como ele). Adriano, legado imperial na Síria
à data da morte de Trajano, assumiu imediatamente, e *in loco*,
os títulos imperiais (Léon Homo, ob. cit., pág. 477-8).

243. Preferiu-se, a dividir o verso em dois, ou a sacrificar metade do
belo conteúdo, escrever seguidos dois versos de 10 sílabas. É o único
caso nesta tradução.

256-7. Versos muito típicos de Fernando Pessoa. Cf. o poema *Iniciação*
já citado, etc.

269. Outro verso de difícil intelecção. A tradução proposta é mera ten-
tativa. «Still» pode ser advérbio — «ainda volta» — ou adjectivo
qualificativo de «night», o que tornaria o verso mais obscuro.

279. «Alta coluna da morte» é o que lá está. Estígio, porém, nas tra-
duções clássicas, na linguagem dos árcades, etc., surge como anto-
nomástico genitivo de «morte». Não parece impróprio aqui, nem
em desacordo com a linguagem do «progenitor» de Ricardo Reis,
que emprega a expressão (*Odes*, 1945, pág. 88).

286. Sem dúvida que, aqui, «pátria da beatitude» é o mesmo que o tex-
tual «beatitude da pátria».

310-1. É duvidoso quem está *above*, se a «perfeição corpórea», se a «divin-
dade» a que ela foi elevada pelo amor de Adriano.

322. A tradução de *woe*, omitida por necessidades métricas, pode consi-
derar-se incluída no sentido do final do verso.

326. Sintacticamente, a concordância deste verso, que é uma só oração,
com os dois anteriores, não é muito precisa no texto original.

329. «Globed ages» não é exactamente «curvas eras». A «forma» suge-
rida é, porém, a mesma... E «curvas» aplicado a «eras» não é ina-
dequado na transposição de um autor que se interessara pela
Teoria da Relatividade (cf. *Páginas de Doutrina Estética*, pág. 147
e segs.).

332-8. A refundição destes versos, feita para o texto definitivo, e com
o acrescentamento do verso 336, que não existia anteriormente, não
foi muito feliz. Sem que o sentido se tenha, para o contexto geral,
tornado mais rico, a estrofe ficou muito incerta, talvez devido a
uma pontuação defeituosa. Quem estará de facto «at the spell ama-
zed»? A tradução procurou manter exactamente a ambiguidade do
texto original.

346. «Jaz» por «jazia».

347. Idem.

349. «Scroll» tanto pode ser «papiro» como qualquer «pele» tratada,
e o uso de um ou outro material é de antiguidade idêntica. Toda-
via, no tempo de Adriano, o pergaminho — pele mais finamente
tratada que a dos «scrolls» do mar Morto, por exemplo —, era
invenção recentíssima, embora luxo imperial perfeitamente plausí-
vel. Porque, na imaginação do leitor português, papiro sugere Alto
Império egípcio, e *pergaminho* Idade Média, preferiu-se *manus-
crito*, que não sugerirá associações inoportunas, na sua simplicidade
que é, de resto, exacta com a acepção de «scroll».

356. Suprimir «sense», na tradução, terá sido um favor feito ao texto,
no qual a repetição constante dessa palavra, em acepções nem
sequer muito diversas, é uma falta de gosto, bem nítida, motivada
pelo esforço para dizer, além do concisamente dizível, a descrição
da consciência da sensualidade.

358. Não temos verbo que corresponda ao onomatopaico «swoon».
«Ecoou» é uma aproximação.

ANTÍNOO — VARIANTES

O texto do «early and very imperfect draft» de *Antínoo*, publicado em 1918, foi de facto profundamente refundido para a versão definitiva, publicada em 1921. Em itálico se imprime o que foi alterado ou suprimido; um parêntese vazio indica onde foram acrescentadas palavras. A numeração dos versos é a da versão definitiva, no corpo do presente volume integralmente traduzida.

Verso 1. *It rained outside right into* Hadrian's soul.

4. To Hadrian's eyes, *that at their seeing bled,*

6. Não tem vírgula depois de «dead».

9. *Through the mind's galleries of their past* delight.

10. *The very light of memory was* dim

11. O hands that (...) clasped *erewhile* Hadrian's...

12. *That* now found them *but* cold!

14. O eyes *too* diffidently...

15. ...male-body *like.*

16. *A god that dawns into* humanity!

17. ...erst could *strike.*

18. ...with a *soiled* art's...

19. ...not to be *named!*

20. ...counter-tongued, *the throbled brows flamed!*

21. *O glory of a wrong lust pillowed on.*
    (Ó glória de um mau cio que se deita na)

29. Is *staring* on him...

32. ...is dead *forever.*

214

33. ...and *the* loves...

35. Seeing him *again, having* lived, (...) dead again,

36. Lends her *great skyey* grief (...) *now* to...

39. ...is *forever* cold.

40. *In vain shall kisses* on that...

41. ...silent place *implore.*

43. ...his veins *this* fortress hold (e sem ponto final)

44-45-46-47. Estes quatro versos substituíram os dois seguintes:

> *Of love. Now no caressing hands anoint*
> *With growing joy that body's lasting lore.*
>
> (Do amor. Acariciantes mãos ungem não mais
> De maior gozo a ciência desse corpo em cio.)

51. ...all his *vices' art is* now...

52. *He lies with her, whose sex cannot him* move
(El' jaz com ela, cujo sexo o não comove,)

53. *Whose hand, were't not cold, still ne'er his could* burn.
(Sua mão, não fora fria, não queimava a sua.)

53<>54. Entre estes dois versos foi suprimida uma estância:

> *Lilies were on his cheeks and roses too.*
> *His eyes were sad in joy sometimes. He said*
> *Oft in his close abandonments that woo*
> *Love to be more love than love can be, «Kiss*
> *My eyelids till my closed eyes seem to guess*
> *The kiss they feel laid in my heart's breast-bed».*
>
> (Lírios eram nas faces e rosas também.
> Tristes no gozo os olhos, às vezes. Dizia
> Amiúde nos cingidos abandonos que urgem
> Amor a mais amor que amor ser pode, «Beija-
> -Me as pálpebras até que os olhos como que, fechados, adivinhem
> O beijo que jacente no meu leito-seio sentem».)

215

54. ...What *shall* now...

55. ...to be *emperor over all?*

57. *Throws a dim pall.*

58. Este verso foi acrescentado.

59-60. Terminavam em vírgula.

61. Now *are* thy lips *purposeless and thy* blisses

62. *No longer of the size of thy life,* mating

63. *Thy empire with thy love's bold tendernesses.*

64. *Now are thy doors closed upon beauty and* joy.

65. *Throw ashes on thy* head!

66. *Lo, lift thine eyes and see* the lovely boy!

72. ...knew *gamuts musical*

73. *Of vices* thy worn...

76. ...new *crimes of fancy* would...

77. To thy *shaken* flesh...

80. ...that art, *of love's arts most unholy.*
    (...das artes do amor a menos santa,)

81. Of being *lithely* sad...

84. ...our *pity* with...

87. ...the hand, *and* his (...) flesh *quakes*

88. *Till* all becomes...

89. ...on the bed *gets* up...

90. *Along his every nerve ripped up and twanged.*

216

91. **And a** (...) love-*o'er*-wise and...

93. *Utters* caresses... (e a vírgula depois de «off»).

96. *He rises, mad, and looks upon* his lover,

98-99. Estes dois versos substituem três, o segundo dos quais foi suprimido, trocando-se entre si, refundidos, os outros dois:

> *Then* his cold lips *run* all the body over —
> *His lips that scarce remember their warmth, now*
> *So blent with feeling the death they* behold;

> (Então seus lábios frios todo o corpo correm —
> Os lábios que mal lembram o calor deles, ora
> Tão mistos ao sentir a morte que contemplam;)

103. «Presence» e «Mover», com maiúscula.

105. *But* there the wanting...

106-107-108. Três versos refundidos em conjunto. Eram:

> *That between him and his boy-love the* mist
> *That comes out of the gods has crept. The* tips
> *Of his fingers, still idly tickling,* list

> (Que entre ele e o seu querido o nevoeiro
> Que dos deuses provém se insinuou. As pontas
> De seus dedos, que ociosas inda mexem, escutam)

109. *To some... to their purple* mood.

110. ...their love-*orison* is not...

114. *Lo, list!, o divine watchers of our glee*
(Ouvi! divinos vigilantes da alegria)

115. *And sorrow!, list!,* he will...
(E da tristeza nossa!, ouvi!, ele...)

116. *He will live in the deserts and be parched*
(Viverá nos desertos e será sequioso)

217

117. *On the hot sands, he will be* beggar *and* slave;
(Nos quentes areais, será mendigo e escravo;)

118. *But give again the boy to be arm-reached!*
(Mas dai de novo o jovem ao do braço alcance!)

120. ...the female *beauties* of *the* earth*!*

121. *Take all afar and rend them if ye will!*
(Leva-as pra longe e rasga-as, se é que queres!)

124. ...High *festivals,* and *spill*
(...festivais, e espalhe)

125. *His fairer vice wherefrom comes newer birth* —,
(Seu belo vício do que nascer novo advenha —,)

127. Não tem exclamação em «gods».

128. Do mesmo modo a não tem em «hair».

129. ...Ganymede thou *meanst*

134. ...now *splitting,* now *one grown.*

135. vírgula, no fim do verso.

138. *Then* softly gripping...

140. By *the* side...

143. «mixed» não estava acentuado.

144. Terminava em vírgula.

145. Terminava em vírgula.

146. ...too closed, and now too *open,*

147. Now were his *ways such as none thought might happen,*
(Ora seus jeitos quais ninguém pensara acontecesse,)

150. ...to gods that *do to presence bend.*

151. ...Adorned *and* made...

152. Half-*costumes, now a posing* nudity

153. *That imitates* some gods *eternity*

154. *Of body statue-known to craving men.*
(De corpo conhecido em estátua por quem espera.)

155. ...Venus, *risen from* the seas;

156. ...Apollo, *white* and golden;

157. ...mock-judgement...

162. O *white* negation:..

164. Terminava em ponto final.

165. Love *wanders* through the memories of his *vice* (...)

167. ...bids him *rise,*

180. To the *astonished* future...

182. ...giveth of *infinity,*

185. Yet its nude statue-*soul of lust made spirit*

187. ...like a *curse-seeming god's boon earth*-brought

190. ...of being-thine. *Let* Time

192. (...) Eat it from life, or *with men's violence* fret

193. *To pieces out of unity and presence.*

194<>198. Estes versos substituem sete que (modificado apenas o inicial
que era: *Ay, let that be!* Our love shall stand so great) passaram
a ser os versos 317 a 323, intercalados após o 316 e constituindo
com anteriores uma nova estância.

199. *The memory* of our love *shall* bridge...

219

200. It *shall* loon...

201. ...like a *Grecian* victory,

202. ...the future *shall* give...

217. ...a great *bulk of will* fating

226. ...a *newer* lust —

228. On *my* imperial *will* I *put* my trust

233. More *beautiful and as beautiful*, for there

241. Of wishes *strong*, having *imperial* reaches —

244. ...what I *will* thee...

248. *To perfect* be,...

257<>258. Entre estes dois versos foram suprimidas duas estâncias de 9 e 12 versos cada:

> «*Thus is the memory of thee a god*
> *Already, already a statue made of me —*
> *Of that part of me that, like a great sea,*
> *Girds in me a great red empire more broad*
> *Than all the lands and peoples that are in*
> *My power's reach. Thus art thou myself made*
> *In that great stretch Olympic that betrays*
> *The true-wholed gods present in river and glade*
> *And hours eternal in its different days.*

> «*So strong my love is that it is thyself,*
> *Thy body as it was ere death was it,*
> *Towering above the silence infinite*
> *That girds round life and its unduring pelf.*
> *Even as thou wert in life, thy corporal shade*
> *Is in the presence of the gods. My love*
> *Permits not that its carnal being fade*
> *Or one whit false to fleshly presence prove.*
> *Creeds may arise and pass, and passions change,*
> *Other ways may be born out of Time's dream,*
> *But this our love, made but thy body, 'll range*
> *On deathless meads from happy stream to stream*

(«Assim um deus é a de ti memória
Já, já uma estátua de mim próprio feita —
Dessa parte de mim que, como um grande mar,
Abrange em mim mais vasto um grande império rubro
Que as terras e os povos que estão dentro
Do meu potente alcance. Eu mesmo assim tu és
Na olímpica extensão que grã revela
Os deuses que há veri-totais em prado e rio
E horas eternas nos diversos dias.

«Tão forte é meu amor que ele é tu próprio,
Teu corpo como era antes morte o fora.
Dominador acima do silêncio infindo
Que· a vida circunda e seus fugazes bens.
Qual eras tu na vida, tua corpórea sombra
Está aos deuses presente. Meu amor
Não deixa que o seu ser carnal se esbata
Ou de por pouco falso ao vivo ser se prove.
Credos podem surgir, passar, paixões mudar,
Outros modos nascerem do sonhar do Tempo,
Mas este amor, feito só corpo teu, porei
Nos prados imortais de feliz rio a rio.)

258. Were *there* no Olympus (...) for thee,...

262. That were a *divine universe* enough

266 a 280. Estes versos foram acrescentados de novo.

281. ...my love! *Awake* with my...

282. ...Olympus *and* be (...) there

289. *That* deathless statue *of thee* I shall build

290. ...but *my great* regret.

292-293. Estes versos foram acrescentados.

294. My sorrow *shall* make *thee its* god, and set

295. Thy naked *presence* on...

297. Some *shall* say... was *vice and* crimes.

221

298. ...our names, *as stones,* shall whet

299. *The knife* of their glad hate of beauty (...), and make

300. *Our name a pillory, a scaffold and a stake*

301. *Whereon to burn* our brothers *yet unborn.*

302. Yet *shall* our... (e «morn», com minúscula)

304. ...of Love, *and be the shrine*

305. *Of future* gods *that nothing human scorn.*

305<>306. Entre estes dois versos foi suprimida a seguinte estância:

> «*My love for thee is part of what thou wert*
> *And shall be part of what thy statue will be.*
> *Our double presence unified in thee*
> *Shall make to beat many a future heart.*
> *Ay, were't a statue to be broken and missed,*
> *Yet its stone-perfect memory*
> *Would still more perfect, on Time's shoulders borne,*
> *Overlook the great Morn*
> *From an eternal East.*

> («Do que eras tu é parte o meu amor por ti
> E será parte do que a tua estátua for.
> Nossa dupla presença unificada em ti
> Fará bater bastantes corações futuros.
> Ai, fosse ela uma estátua a partir e perder,
> Ainda perfeita em pedra essa memória sua
> Seria mais perfeita, nos ombros do Tempo,
> Dominando a grande Aurora
> De um Oriente eterno.)

306. *Thy statue* is *of* thyself and *of me*

308. Vírgula depois de «body».

309. *In* loving, (...) did *out of mortal* life

310. godness, *set* above...

311. Não tinha vírgula depois de «times».

312 a 316. Estes versos foram acrescentados.

317 a 323. Versos transferidos (ver 193-198).

324 a 331. Estrofe acrescentada.

332. (...) The end of days, when Jove *is* born again,

333. Vírgula em «feast».

334. *Shall* see...

335. ...unto *love, joy,* pain,

336. Verso acrescentado.

337. ...beauty *and the vice and* lust,

338. *All the diviner side of flesh, flesh-staged.*
(A mais divina carne toda posta em carne.)

340. By *the giant* race...

341. Our dual *presence once* again...

342. Não tinha vírgula final.

354. Sem vírgula depois de «him».

358. Pontuado, em vez de pontos e vírgulas, a pontos finais.

35 SONETOS — VARIANTES

Tal como ficou dito no Prefácio, há dois exemplares com variantes, um que serviu a Pessoa de rascunho, e outro que é o corrigido. Adiante descrevemos os aspectos legíveis do primeiro, e damos as variantes registadas no segundo, soneto por soneto.

EXEMPLAR-RASCUNHO.

No interior da capa e no contra-rosto notas dificilmente legíveis, a palavra *copiado* (*copied*) em grandes letras, e uma data: 6/11/20.

Soneto I — **emendas várias, hipóteses de variantes, etc., quatro das quais passam ao exemplar corrigido.**
II — **nada.**
III — **nada.**
IV — **nada.**
V — **nada.**
VI — **alteração de um verso, que não é recolhida ao exemplar corrigido.**
VII — **três emendas que passam ao exemplar corrigido.**
VIII — **nada.**
IX — **várias emendas e notas ilegíveis. Uma passa ao corrigido.**
X — **nada.**
XI — **anotações marginais.**
XII — **o último verso alterado. O que não passou ao corrigido.**
XIII — **tem à margem uma interrogação.**
XIV — ***grasp* substituído por *ask* (será *task* no corrigido).**
XV — **notas ao último verso.**
XVI — ***joy's death* em vez de *joy's thought*. O que não passou ao corrigido.**
XVII
XVIII } **a página está coberta de anotações ilegíveis. No penúltimo verso do segundo soneto, está *terror* em vez de *prayer* (o que não passou ao corrigido).**
XIX
XX } **várias emendas na página. Só uma, no XIX, passou ao corrigido.**
XXI — **passos sublinhados, mas nenhuma emenda.**
XXII — **nada.**
XXIII — **ponto e vírgula depois de *essence*, o que não passou ao corrigido.**
XXIV — **anotações marginais (que nada deram no corrigido).**
XXV — **v. 10: *external* em vez de *exterior* (o que não passou ao corrigido).**
XXVI — **várias anotações ilegíveis, que não deram emenda no corrigido.**
XXVII — **nada.**
XXVIII — **várias anotações. Uma variante no c. corrigido.**
XXIX — **vírgula no fim do penúltimo verso (que aparece no corrigido).**
XXX — **1.º verso: *shown* em vez de *false*, que passa ao corrigido, e outras observações ilegíveis.**

XXXI — vs. 5 e 6 riscados e os novos versos anotados ilegivelmente ao alto da página. Legíveis no corrigido.

XXXII — v. 6: *day* em vez de *common*; v. 7: *spoiled* riscado e substituído por uma palavra ilegível.

XXXIII — v. 12: *in* em vez de *by*; v. 13: *falsity* em vez de *false to be*; v. 14: *to be* riscado — o que tudo passa ao e. corrigido.

XXXIV — notas ilegíveis, que nenhuma produziu emenda no corrigido.

XXXV — várias notas ilegíveis ao redor e na página. Nada no corrigido.

EXEMPLAR CORRIGIDO:

SONETO I — v. 1: *are but seen* em vez de «do but look»

v. 3: *mien* em vez de «look»

v. 6: substituído por um verso de difícil leitura: *to make our soul...* (?)

v. 10: trick *for seeing* em vez de «trick of seeming»

V — v. 6: vírgula final.

v. 9: substituído por: the coin *which I would heap to wed my Muse*

v. 12 e 13: vírgulas tiradas.

VII — v. 10: *her* thought

v. 11: *her* stuffed garb

v. 12: without *herself*

v. 13: substituído por *since all may be possible, an idle thought well may*

VIII — v. 8: *dulness* em vez de «sleepness»

IX — v. 9: *As in one* em vez de «Like someone»

XI — v. 2: «surer» cortado e substituído por palavra ilegível.

XIV — v. 1: *nightfall* em vez de «sunset»

v. 5: *task* em vez de «grasp» (a rima irregular suprimida)

v. 9: *bright* denials

XVIII — v. 13: *The wonder* of my wonder

XIX — v. 6: *And none dare* em vez de «But let none»

XXI — v. 12: ponto final no fim do verso.

XXVIII — v. 6: this bulk of *world*

XXIX — v. 13: vírgula final.

XXX — v. 1: *shown* em vez de «false»

v. 9: vírgula em «is felt»

v. 11: vírgula final.

XXXI — vs. 5 e 6 riscados e substituídos por

An exile's yearnings through my thoughts escape
For daylight of that land where once I dreamed,

v. 9: riscado e reposto como válido, mas *rememberéd* aparece
acentuado na última sílaba, como a métrica e a rima exigiam.
XXXII — v. 6: *day* em vez de «common»
v. 7: *unsunned* (?) em vez de «spoiled»
XXXIII — v. 12: though *in*
v. 13: if *falsity*
v. 14: *Be aught* em vez de «Be to be aught».

Comparando-se as duas listas, e tendo em mente as numerosas anota-
ções ilegíveis do exemplar-rascunho, verifica-se que só muito poucas emendas
foram afinal recolhidas ao exemplar corrigido, e que mesmo essas pode
dizer-se que pouco ou nada alteram a substância dos versos atingidos por elas.

DISPERSOS — NOTAS

«SEPARATED FROM THEE...»

Este poema, que apareceu no espólio de Fernando Pessoa, em «manus-
crito datado e assinado, com uma cuidadosa caligrafia escolar», segundo
M. A. Galhoz, que o revelou na 1.ª edição da *Obra Poética* da Aguilar
(cf. págs. 679-80 e pág. 786), está datado de 12 de Maio de 1901. Foi por-
tanto escrito durante a primeira estada de Pessoa na União Sul-Africana,
que durou dos princípios de 1896 (quando ele tinha oito anos incompletos)
até meados desse ano de 1901 (em que fazia treze anos), quando a família
veio a Portugal por uns meses, e ele a acompanhou. O poema é do mês
anterior a Junho, quando ele passou o *Cape School High Examination*,
quando fez os treze anos no dia 13, e quando sua irmã Madalena faleceu
a 25. Em Agosto, foi a viagem para Portugal. Tem o poema o interesse
de ser, depois da quadra escrita aos cinco anos de idade (cf. *Cartas de Fer-
nando Pessoa a A. Côrtes-Rodrigues*, Apêndice, pág. 89), o mais antigo
poema dele até agora revelado, pois que precede o poema «*Quando ela
passa*», datado de um ano depois. E é, sem dúvida, confirmação documental
da veracidade da informação dada por Pessoa a Côrtes-Rodrigues, em 1914:
«Depois disso (da quadra dos cinco anos), só fez poesia em 1901 — inglesa»
(ob. cit., pág. 90).
Tal como foi primeiro publicado, o poema tem gralhas e lapsos óbvios
que corrigimos (palavras em parênteses rectos).

ALENTEJO SEEN FROM THE TRAIN

Despretensioso poema dos dezanove anos de Pessoa, é aqui transcrito segundo o revelou J. Gaspar Simões (*Vida e Obra, etc.*, 1.ª ed., vol. I, pág. 95). O poema é o final de uma divertida carta em inglês, escrita de Portalegre pelo jovem poeta ao seu amigo Armando Teixeira Rebelo, em 24 de Agosto de 1907 (ob. cit., pág. 96). Embora não pareça necessário atribuir-se a este breve poema sem ambições qualquer importância especial, os comentários de J. G. S. requerem algumas observações. O «epigrama» (e assim pode com efeito chamar-se ao que é, na verdade, um simples exemplo de *doggerel verse*, tão comum nos exercícios métricos anglo-saxónicos) afigura--se-lhe «uma das primeiras composições poéticas de Fernando Pessoa emancipadas do formalismo métrico inglês» (pág. 94). Ora todas as composições que Pessoa publicou e aqui se reeditam não se emanciparam nunca desse formalismo métrico e de outros exageros formais não métricos. E o crítico prossegue: «É de presumir que nesta altura já tivesse chegado ao conhecimento do futuro autor da *Ode a Walt Whitman* a mensagem deste ciclópico cantor da civilização norte-americana. A rima ainda rege o ritmo métrico mas é a influência de Álvaro de Campos que preside (...). Vale a pena reparar no facto de esta sextilha versi-librista (...). Fernando Pessoa pode muito bem ter tido neste momento a primeira iluminação «Álvaro de Campos». Habituado como estava ao formalismo de Pope, incutido pela escola (...). Em inglês o texto do epigrama é este (...), o qual, em tradução livre, dará este dístico de um Álvaro de Campos *avant-la-lettre*:

Nada com coisa alguma em torno
E lá dentro, entre isto, poucas árvores
Nenhuma delas muito claramente verde,
Ermo a que não pagam visita flor ou rio de água,
Se há um inferno, ele aqui está,
Sim, porque se não é aqui o inferno, onde diabo é que fica?»

(ob. e ed. cit., págs. 94-96). Acontece, porém, que o poema não apenas mantém a rima, como é composto por trímetros anapésticos, com ligeiras liberdades compatíveis com a maleabilidade da métrica quantitativa e com o tom do *doggerel verse*. E basta comparar a tradução proposta por J. G. S. com o original para ver-se que, sugestionado pela inteligente aproximação que fez (pág. 95) entre esta estada do jovem Pessoa em Portalegre e o poema de Campos, datado de muitos anos depois, *Escrito num livro abandonado em viagem*, aquele crítico projectou sobre a singela sextilha o Álvaro de Campos que só existiria na sua tradução que, para tal efeito, saiu libérrima e Campos. Para isso, foi suprimida a repetição de *nothing*, traduzido o corrente *in between* por uma metafórica perífrase "E lá dentro, entre isto", acrescentado um *ermo* de que o poema é só sugestão, acrescentada a rio *água*, repe-

227

tido *inferno*, etc. Uma coisa é verificar-se que uma tradução quase literal de estruturas britânicas se aproxima da sintaxe de Campos (como experimentámos na tradução de *Epitalâmio*), e muito outra supor-se que, em inglês, é Campos o que lá estará, ou que se queira que esteja. Quanto à tonalidade de Whitman é ela inteiramente alheia ao tom do poema em causa [1].

ON AN ANKLE

Também este soneto, como a sextilha anterior, foi meritoriamente revelado por J. Gaspar Simões (ob. e vol. cit., págs. 97-98), que o dá como mais ou menos da mesma época, e o recebeu da mesma proveniência, o citado amigo de Pessoa. Este crítico informa que o soneto está assinado por Alexander Search, «heterónimo inglês a quem Fernando Pessoa desde os seus dez anos atribuía parte das suas poesias escritas na língua adoptiva» (pág. 97). George Rudolf Lind («A Poesia Juvenil de Fernando Pessoa», *Humboldt*, 7, 1967) informa que no espólio do poeta encontrou 115 poemas, assinados Alexander Search ou Ch. R. Anon, escritos todos entre 1903 e 1909. Estas datas coincidem aproximadamente com as que o próprio Pessoa indica a Côrtes-Rodrigues, quando diz que, depois de uma quadra portuguesa dos cinco anos de idade, e de ter começado a escrever poesia — e em inglês — em 1901, e de ter escrito algumas em português em 1901-02, em 1904-1908 escrevera poesia e prosa em inglês. Note-se que nem toda a sua poesia inglesa da época é assinada por algum daqueles dois «pré-heterónimos», como se

---

[1] Sobre Walt Whitman, ouçamos Fredson Bowers, *Textual and Literary Criticism*, Cambridge, 1959, págs. 36-37: «A primeira edição de *Leaves of Grass*, em 1855, continha apenas doze poemas, e era, apesar de todo o seu idioma revolucionário, a minús respeitos um pobre coisa. A segunda edição, de 1856, aumentada para 32 poemas, não era muito melhor. De súbito, em 1860 — na terceira edição — temos um jorro de cerca de 130 poemas, com uma maturidade e uma vivacidade de escrita que não haviam sido igualadas antes, e só o seriam mais tarde em poucos (seus) inspirados poemas. Esta terceira edição, na opinião de críticos recentes, é a mais significativa de todas.» Uma verdadeira influência e difusão de Whitman, para fora dos Estados Unidos, não começa a processar-se antes do fim do século. Na sua lista de influências recebidas, estabelecida até 1914, Fernando Pessoa não o menciona, e temos visto que os factos confirmam as informações dele. O certo é que Pessoa (veja-se M. E. M., Apêndice, pág. 102) só adquiriu em 1916 (como datou no volume, 16 de Maio) um exemplar da edição londrina de Whitman, de 1909, que leu interessadamente, pois que há sublinhados em quase todos os poemas. A data de aquisição do volume deve ser a verdadeira, porque, ao assinar e datar no volume, Pessoa escreveu o seu apelido com acento circunflexo, e ele anunciou a supressão desse acento, por conveniência «cosmopolita», a Côrtes-Rodrigues, em Setembro de 1916. Todavia, a *Ode Triunfal*, muito whitmaniana (mas também futurista, e os futuristas influíam em Pessoa em 1912-13, segundo ele informou), é datada de Junho de 1914, e foi publicada em *Orpheu* em 1915. Deste último ano é — datada de 11 de Junho de 1915 — a *Saudação a Walt Whitman*. Assim, é de crer que o contacto com Whitman terá sido despertado por via «futurista» (ou modernista, como diríamos hoje), se processou, por poemas em antologias ou referências, em 1914-1915, e não antes, e a obra completa só Pessoa a teve, para maior leitura e estudo, em 1916, um ano depois de ter escrito o «saudação» ao autor.

228

poderá chamar-lhes. É interessante anotar que Pessoa deu, todavia, a *Search* existência e autoridade suficientes para possuir livros... Com efeito, *pertenciam* a *Search*, segundo o catálogo dos livros ingleses de Pessoa estabelecido por M. E. Monteiro, pois que é o nome assinado neles, pelo menos as obras poéticas de Coleridge (edição sem data), as de Shelley (edição de 1904, quando Pessoa estava ainda na África do Sul, mas que pode ter sido já adquirida em Portugal, para onde ele partiu em Agosto de 1905 — e de facto só no fim do período 1904-05 a influência de Shelley é mencionada por Pessoa, na lista comunicada a Côrtes-Rodrigues), e uma obra polémica, sem indicação de autor, *Regeneration: a Reply to Nordau* (ed. de 1895, que responde ao famoso ataque de Max Nordau à arte «moderna» do seu tempo). Uma tradução inglesa da *Degenerescência*, editada em 1907, *On Art and Artists*, existe na mesma colecção de livros. Se esta tradução tem sublinhados, a «réplica» tem anotações que acabam por dar razão a Nordau que, segundo informação de Pessoa, lhe destruiu, por 1908, as influências simbolistas que para fins de 1905-1908 ele indicara ter sofrido. Essas influências (como Pessoa indica) voltaram a interessá-lo mais tarde. Para 1904-05 é que Pessoa mencionara Pope entre as suas influências, mas diluído entre presenças românticas. Pelo que não parece muito lícito supor, como J. G. S. faz, o vulto tutelar de Pope ou de uma sua «escola», por trás de um soneto malicioso e juvenil, que é isto e nada mais. Formalmente, o soneto, note-se, não é «shakespeariano», mas italiano, ou, como diriam anglo-saxões, «miltónico» (ABBA ABBA CDE CDE). O que reflectiria a influência apenas formal de Milton que é uma das influências dadas por Pessoa como mais presente em 1904-05 (e ainda presente anos depois). Não há, no subtítulo, ou no texto, ao contrário do que amplifica G. S., nada de puritanismo britânico: trata-se de uma 'brincadeira em verso, que um jovem que costuma escrever em inglês a um seu amigo português da mesma idade, lhe terá mandado, por tê-lo visto, ao que conta G. S., entusiasmado com uma perna entrevista, à maneira de Cesário Verde, no Chiado ou algures [1].

MEANTIME

Esta poesia foi publicada em *The Athenaeum* [2], de Londres, de 30 de Janeiro de 1920. Não se conhecem pormenores das circunstâncias que levaram à aceitação e publicação do poema, por parte do «editor» da revista, que, na altura, era John Middleton Murry (um ano mais novo que Pessoa.

---

[1] Que estas brincadeiras barrocas eram comuns, mostra a coincidência de Marcel Proust, também aos dezanove anos, ter escrito um soneto (e péssimo) «a uma menina que esta noite representou o papel de Cleópatra, para presente perturbação e futura perdição de um jovem que sucedia estar presente» (cf. George Painter, *Marcel Proust*, vol. I, Londres, 1959).
[2] Periódico fundado em 1828, durou quase um século, até ser absorvido, em 1921, por *The Nation*, que mais tarde se uniu a *The New Statesman*. A direcção de Murry durou de 1919 a 1921.

e que veio a ser famoso crítico); é possível que, nos papéis do poeta, haja documentação a este respeito, que não vimos e não sabemos que tenha já sido mencionada. Na altura em que Pessoa colabora nela com um poema muito tradicional, convergiam na revista muitos dos nomes do vanguardismo anglo-saxónico, além de outros mais velhos. Assim, além de Santayana, surgem Aldous Huxley (n. 1894, e que nesse ano se estreia em volume mas como poeta «imagista» e como contista), T. S. Eliot (da mesma idade que Pessoa, e autor já do *Prufrock* de 1917, e que, em 1920, publicará os ensaios de *The Sacred Wood*), Herbert Read (n. 1893, que publicou um volume de versos no ano anterior), Bertrand Russell (n. 1872, e que nesse ano publica a sua «teoria e prática do bolchevismo»), Lytton Strachey (n. 1880, e já autor do celebrado *Eminent Victorians*, de 1918), Virginia Woolf (n. 1882, que casara em 1912 com Leonard Woolf e com ele fundara em 1917 a Hogarth Press, e já era autora de *The Voyage Out*, 1915), Katherine Mansfield (n. 1890, mulher de Murry, e que escrevia para a revista crítica de ficção), etc. Fundada em 1924, a *Athena* não terá sido para Pessoa, até pela coincidência do título, a ideia de criar em Portugal algo de semelhante?

SPELL

Este poema é por certo muito superior ao anterior, e consegue uma tensão no esteticismo que o outro dilui em névoas românticas e repetitivas à maneira de Thomas Hood e de Edgar Poe (o qual escreveu sobre aquele um longo estudo). M. E. M. (ob. cit., pág. 69) faz dele o seguinte comentário: «Em *Spell* (...) os motivos dir-se-iam de amor espiritualizado, mas capaz, ainda assim, de provocar reacção interjectiva. Porém, a última invocação revela-nos a fonte de inspiração do poema, desconcertante, por inesperada». Parece depreender-se deste segundo período que a autora entendeu literalmente o verso, e da literalidade só a palavra *vinho*... Ora trata-se de uma metáfora apenas, que já estava anunciada na aliás sensual imagem das *twined lives*. O que é de muito interesse no poema é o poeta desejar, para o seu amor pela imagem que entrevê em sonhos, uma superação do comum desejo físico, uma *nova emoção*, uma pureza de luxúria — como parece que ele fez na vida. Muito curioso, mas perfeitamente possível em inglês, é que a visão não tem sexo declarado ou perceptível através do texto. Por isso, na tradução, nos reportamos ao *anjo* que é nome que o poeta lhe dá.

ÍNDICE